現代選挙論

投票行動と問題点

久禮 義一 著

萌書房

はじめに

　民主主義とは「自分達で自分達のことを治める制度」です。したがって，一番良いのはその国家の国民が一堂に集まって皆で議論をし，決定することです。しかし現代国家ではそういう方法をとることは不可能です。そこで「選挙」という方法で代表者を選び，その代表者が政治を行う方法を採用しています。つまり，選挙とは国民による政治参加の代表的ルートであり，古代ローマやアテネの都市国家の時代からの長い歴史を有し，国民が政治に民意を反映させるもっとも重要な制度です。

　一般に選挙の機能としては，

① 有権者は自分達の採来を託す人物を自らの手で選び，一方，指導者の立場からは，議席を維持するために有権者の意向を考慮する必要がある「指導者選択機能」

② 候補者や政党が掲げる公約，綱領から良いと思うものを有権者が選択する，つまり選択は将来の政策を選択する「政策選択機能」

③ 選挙は過去の政策を評価する場であり，有権者がそれまで行われてきた政策を支持すれば与党（議員の場合，現職）が勝ち，しない場合野党（同，新人）が勝つ「政策評価機能」

④ 選択を行うことで，政治体制，および議員が有権者の支持を得たものとして，正統化される「正統化機能」

がありますが，代表制民主政治の基盤である選挙制度が信頼を得なければ，代表制民主主義自体が活性化も機能もしないのです。

　しかし残念ながら，わが国の選挙制度は「公正」を重視するあまり，「管理中心」の制度であり，選挙制度を有権者の民意を反映する仕組みとしてでなく，政争の具として利用されてきた傾向があります（選挙運動期間の短縮，参院の非拘束名簿式への改正などたび重なる選挙制度の改正）。

したがってわが国においては，選挙の重要性は上述の機能の認識に基づくものではなく，選挙の当選だけを重要し，集票のみ追求する多数の政治家の出現をもたらしました。自民党の幹部議員は「政治家の頭の中はカネと選挙の事しか考えていない」と公言するほどであります。

そういう実態に対してわが国の有権者は，自分が選挙のときに投票しても何ら変わらないと考える人が過半数を占めます（『朝日新聞』1998年12月29日調査。アメリカでは自分の1票に政治を動かす力があると答える人は6割以上です）。

その結果地方自治体において，住民投票制度が注目されることとなりました。1996年の新潟県巻町原発，沖縄県の米軍基地に関する住民投票条例等が制定され，住民投票が実施されました。

住民投票制度は，従来の選挙制度が間接民主主義制度に対して，直接民主制度であり，考え方によっては，現行の選挙制度，議会制度への挑戦とも考えられますが，今後ますますの増加が予想されます。

筆者は，国民の意思が十分に反映され，公明かつ公正な選挙を実現するための選挙制度と，投票行動の分析が政治学の主要テーマと考え，拙稿を2，3の研究誌に発表してきましたが，このたび研究生活30年を記念し，出版することにしました。

序説「選挙入門」は大学，短大での講義用のことも考え，この本の出版のために執筆しました。

第Ⅰ部，第Ⅱ部は既発表のものに若干の加筆・変更を加えたものですが，ただし第Ⅰ部第4章と第Ⅱ部第6章はこの本のために書き下ろしました。また，既発表論文は一般読者向きにするため，表現をやさしく，図表を簡潔化しました。

選挙は私たち国民の固有の権利であり，私たちがその権利を行使して，明るく正しい選挙が行われたとき，初めて政治は国民のものとなったと言えます。そして，「有権者の1票に政治を動かす力がある」という民主主義の「神話」を改めて再認識することが必要ではないでしょうか。

本書の出版に際し，萌書房白石徳浩氏にたいへんお世話になりました。氏は豊富な編集者としての体験を生かして，粗雑な原稿に目を通して下さり，1つ

ひとつの単語・文章表現まで校正し，加えて低価格で抑えるため図表表現まで検討して下さいました。拙著が氏の出版業独立を記念する一冊となれば幸いです。

　拙著が選挙に関心を持つ多くの人々に読まれ，特に若者の政治離れ，選挙離れのための防止のために，いくらかでも役立つことがあれば，筆者の望外のよろこびであります。

　記念すべき21世紀の年頭にあたり

著　者

目　次

はじめに

序　説　選挙入門 …………………………………………… 3
1　選挙の役割 ……………………………………………… 3
2　選挙の原則 ……………………………………………… 4
3　日本の選挙制度の歴史 ………………………………… 5
4　日本の選挙制度概要 …………………………………… 7
　⑴　地方自治体における選挙（7）／⑵　衆議院議員選挙（7）／⑶　参議院議員選挙（11）
5　外国の選挙制度概要 …………………………………… 13

第Ⅰ部　わが国の選挙制度

第1章　戸別訪問 …………………………………………… 17
1　はじめに ………………………………………………… 17
2　判例・学説 ……………………………………………… 18
3　史的考察 ………………………………………………… 20
4　私　見 …………………………………………………… 22
5　むすびにかえて ………………………………………… 24

第2章　定住外国人の選挙権 ……………………………… 25
1　はじめに ………………………………………………… 25
2　学説・判例 ……………………………………………… 27
3　政党の取り組み ………………………………………… 28
4　諸外国の現状 …………………………………………… 29

5　むすびにかえて……………………………………………………… 29
　　(1) 徐説（29）／(2) 江橋説（31）／(3) 浦部説（32）／(4) 李説（33）／(5) 近藤説（35）／(6) 金説（35）／(7) 私見（35）

第3章　障害のある人と参政権 ……………………………………… 38
　　　　──投票権と選挙運動を中心に──

1　はじめに……………………………………………………………… 38
2　現　状………………………………………………………………… 40
　　(1) 投票に関する保障（40）／(2) 選挙における情報保障（42）／(3) 被選挙権の行使と議員活動（42）
3　障害のある人の投票をめぐる障害…………………………………… 43
4　外国の現状…………………………………………………………… 43
5　玉野事件……………………………………………………………… 47
6　むすびにかえて……………………………………………………… 49

第4章　1票の格差（議員定数不均衡）………………………………… 55

1　はじめに……………………………………………………………… 55
2　1票の格差をめぐる主な最高裁判決………………………………… 56
　　(1) 衆議院（56）／(2) 参議院（59）
3　1票の格差をめぐる学説……………………………………………… 59
　　(1) できる限りの均等説（59）／(2) 立法裁量限定説（60）／(3) 徹底的平等（61）
4　参議院議員の1票の格差についての学説…………………………… 62
5　アメリカ下院議員の議席配分………………………………………… 62
6　むすびにかえて……………………………………………………… 64

第5章　住民投票制 ……………………………………………………… 66

1　はじめに……………………………………………………………… 66
2　住民投票に関する諸説………………………………………………… 67

　　　　(1) 憲法，行政法の視座 (67) / (2) 政治学・行政学の視座 (69) / (3) 各種団体・審議会の報告書 (70)

　3　住民投票抬頭原因 ……………………………………………… 71
　4　大阪府交野市のケーススタディ ………………………………… 72
　5　むすびにかえて ………………………………………………… 72

第Ⅱ部　選挙分析

第1章　第12回統一地方選挙（1991年4月）……………… 77
　　　　——無投票当選，低投票率の解明を中心に——
　1　はじめに ……………………………………………………… 77
　2　無投票当選について ……………………………………………… 78
　　　　(1) 概況——候補者の減少 (78) / (2) 議員への誘因，魅力 (79) / (3) 社会の変様 (80) / (4) 候補者減少の実状 (81)
　3　低投票率について ………………………………………………… 82
　　　　(1) 概況——知事選「相乗り」の増加 (82) / (2) 知事選「相乗り」と投票率 (83) / (3) 世論調査と投票率 (84) / (4) 「相乗り」と地方議会の機能 (85)
　4　新しい芽 ……………………………………………………… 88
　　　　(1) 女性議員増 (88) / (2) 生活派議員増 (89)
　5　むすびにかえて ………………………………………………… 89

第2章　第40回総選挙（1993年7月）……………………… 92
　1　はじめに ……………………………………………………… 92
　2　立候補者像 …………………………………………………… 93
　　　　(1) 党派別立候補者数 (93) / (2) 年齢 (94) / (3) 女性候補者 (95) / (4) 世襲候補者 (96) / (5) 経歴 (96)
　3　投票率 ………………………………………………………… 96
　　　　(1) 関心と投票率 (96) / (2) 投票率と政党の消長 (97) / (3) 天候と投票率 (98)
　4　当選者像 ……………………………………………………… 98

viii　目　次

　　　　(1)　経歴（98）／(2)　女性当選者（98）／(3)　次点バネ（99）／(4)　世襲議員（99）／(5)　世代交代（100）

　　5　選挙結果………………………………………………………………100

　　　　(1)　政党別議席数（100）／(2)　社会党激減（102）／(3)　選挙協力（102）

　　6　むすびにかえて………………………………………………………104

　　　　(1)　投票行動の変化（104）／(2)　社会党不振原因（105）／(3)　新党躍進理由（107）／(4)　低投票率（107）／(5)　選挙と報道（108）

第3章　第41回総選挙（1996年10月）……………………………111
　　　　――新制度の評価と問題点を中心に――

　　1　はじめに………………………………………………………………111

　　2　立候補者像……………………………………………………………113

　　　　(1)　総数，新人数（113）／(2)　女性候補者（114）／(3)　年齢（114）／(4)　経歴（114）

　　3　投票率…………………………………………………………………115

　　　　(1)　概説――戦後最低の投票率（115）／(2)　低投票率の分析（116）

　　4　選挙結果………………………………………………………………118

　　　　(1)　概況（118）／(2)　死票（118）／(3)　復活当選者（120）／(4)　1票の格差（121）

　　5　当選者像………………………………………………………………121

　　　　(1)　概況（121）／(2)　出身基盤（122）／(3)　首長出身（122）

　　6　投票行動………………………………………………………………123

　　　　(1)　クロス投票（123）／(2)　政党と地域（123）／(3)　無党派層（123）

　　7　新制度についての諸見解……………………………………………125

　　　　(1)　評価する立場（125）／(2)　批判的な立場（129）

　　8　むすびにかえて………………………………………………………131

第4章　第18回参議院選挙（1998年7月）……………………134

1　はじめに………………………………………………………………134
2　立候補者像……………………………………………………………134
　(1)　概要（134）／(2)　出身基盤（135）／(3)　年齢（136）／(4)　くら替え候補（136）／(5)　女性候補者（136）／(6)　タレント候補（136）
3　投票率…………………………………………………………………137
　(1)　概要（137）／(2)　低投票率の原因（137）／(3)　投票率上昇理由（138）／(4)　ダウンズの法則と枚方市の場合（140）
4　選挙結果………………………………………………………………141
　(1)　概要（141）／(2)　比例代表区（141）／(3)　選挙区（142）／(4)　選挙協力（145）／(5)　1票の格差（145）／(6)　生票と死票（146）
5　当選者像………………………………………………………………146
　(1)　概要（146）／(2)　くら替え当選者（147）／(3)　女性当選者（148）
6　むすびにかえて………………………………………………………148
　(1)　自民党大敗の原因（148）／(2)　投票率の高低と政党の有利不利（151）／(3)　現行選挙制度の課題（154）／(4)　政党，有権者の責任（155）

第5章　第14回統一地方選挙（1999年4月）………………157

1　はじめに………………………………………………………………157
2　知事選挙………………………………………………………………159
　(1)　東京都知事選挙（159）／(2)　大阪府知事選挙（161）／(3)　10道県知事選挙（163）
3　道府県議会議員選挙…………………………………………………165
4　政令市議会議員選挙…………………………………………………167
5　市長選挙………………………………………………………………167
6　市議会議員選挙………………………………………………………168
7　むすびにかえて………………………………………………………169
　(1)　投票率（169）／(2)　特色（170）／(3)　課題（171）

第6章　第42回総選挙（2000年6月） …… 173

1　はじめに …… 173
2　立候補者像 …… 174
　(1) 概況（174）／(2) 年齢（174）／(3) 基盤（175）
3　投票率 …… 176
4　選挙結果 …… 177
　(1) 党派別当選者（177）／(2) 自公協力区（178）／(3) 地域別当選者（180）／(4) 死票（180）／(5) 得票率と議席（180）／(6) 1票の格差と現制度の矛盾（181）／(7) コスタリカ方式（181）
5　当選者像 …… 182
6　投票行動 …… 182
　(1) 出口調査（182）／(2) 無党派（184）
7　むすびにかえて …… 186

【付論】　地方分権時代の地方議会 …… 189

1　はじめに …… 189
2　地方分権推進委勧告内容と地方自治法改正 …… 189
3　地方議会の政策立案機能の実態 …… 192
4　地方議会の行政監査機能の実態 …… 192
5　議会機能不十分の原因はどこに …… 193
6　地方議員の新傾向 …… 198
7　むすび――地方議会活性化に向けて …… 198

初出一覧

現代選挙論
―― 投票行動と問題点 ――

序説　選挙入門

1　選挙の役割

　選挙制のもとで選挙が生み出す政治的役割の第1は，国民の間に多様に分化している意見・価値観・利益を代表することである。政党と候補者は政策と人物を選挙民に提示して，それに同調し，指示することを求めるものである。

　役割の第2はこれら多様性の統合の機能である。国民の意見・価値観・利益の多様性はこまかく見れば無限に分化する。このように分化する多様性を代表するだけでは国家の統一は一体としての決定をうち出すことができない。この代表の無政府性をさけるためには多様性をある程度整理し，統合する働きがなければならない。代表と統合のこの相反する2つの働きを選挙過程はふくんでいる。すなわち選挙民はある候補者を支持することで，自己の意見の重要な部分を代表させながら，同時に他の部分を切り捨て，多数の選挙民がこの候補者の支持に統合されることに同調するのである。選挙の統合機能は選挙結果の党派別勢力となってあらわれる。統合を形成するのに多数の方式が利用される。

　第3に選挙はその政治社会の安定と正統性を強めるのに役立つ。選挙は政治社会の成員を互いに結びつけ，それによって社会の活力を確認させる。選挙は共通の統治行為に選挙民大衆を動員することによって，人民の名において権力を獲得する人々の行為に権威と正当性を与えるのである。

　第4に選挙は個々の市民に対し，一人格としての価値と威厳を確認させることができる。理由はどうであれ選挙への参加は，投票者に自信と自負心をいだかせるのに役立つ。選挙は彼に意見を表明する機会を与え，投票を通して，あるいは投票しないことを通して，彼の政治社会への帰属感，あるいは非帰属感

を満足させる。まさにこうした理由で，選挙権獲得への長年の闘争と平等な選挙参加の要求は，人格の充実を求める深い人間的欲望の表現と見なすことができるのである。

2　選挙の原則

　国民生活や国家の安全を代表者に託すのであるから，選挙は公正に行われなければならない。いくら「人民による」政治と言っても，それが脅迫や不正な手段で行われたとしたら民主主義は成り立たない。そこで民主政治の基礎となる民主的選挙は，①普通選挙，②平等選挙，③秘密選挙，④選挙の公正，⑤国民代表，⑥直接選挙の6つの原則が守られなければならない。

　普通選挙というのは，投票する人の資格（選挙権）が，財産や性別などで差別を受けないことである。日本国憲法15条は3項で「成年者による普通選挙を保障する」と定め，20歳以上という年齢以外の制限を原則として禁止している。

　平等選挙は1人が1つの選挙に対して2票以上を行使してはならないという原則である。財産が多いからといって2票分，3票分も行使することは許されない。

　そういう点から人口の多い選挙区と少ない選挙区で1票の価値に違いが生じ，その格差があまりひどくなると「法の下の平等」を定めた憲法14条に違反することになり，わが国選挙の問題点の1つとなっている（第Ⅰ部第4章参照）。

　選挙は自由な意思に基づいて行われなければならない。そのためには，誰が誰に投票したかが第三者に知られないようにする必要がある。日本国憲法15条4項は「選挙における投票の秘密は，これを侵してはならない」と定めている。

　また，自由意思による投票を確保するために，投票が買収や脅迫など不正な手段で影響されないよう，「公職選挙法」でさまざまな防止策を定めている。

　国民代表というのは，国政選挙の場合，選挙で選ばれる代表は単なる「選挙区の代表」ではなく，「全国民の代表」であるという意味である。憲法前文の精神などから言っても，国会に議席を持つ政治家は，狭い地元の利益だけを図るのでなく，国民全体のことを考えて行動しなければならないし，また，選挙

民も政治家に地元の利益実現だけを求めるべきではない。

　直接選挙というのは，有権者の投票がそのまま代表者を決定するという意味である。

3　日本の選挙制度の歴史

　1889年（明治22）の2月，日本で初めての衆議院議員選挙法が公布され，その翌年7月に第1回の総選挙が行われた。選挙制度は小選挙区（郡と一部の地域では2人区の連記制。1人区が214区，2人区が43区から構成される）が採用された。定数は300議席で，候補者は立候補制でなく推せん制であった。選挙権は直接国税15円以上を納める25歳以上の男性のみに与えられ，投票は記号式で，有権者は自分の住所，氏名を記入した上に捺印が義務づけられていた。

　1900年（明治33）の3月改正案が可決，定数369議席，府県を単位とする大選挙区制（単記制，なお3万人以上の人口を有する市は一市で一選挙区を構成し，1人区46，2人区から13人区があわせて51区。1902年，定数を12議席増やして381議席とした）が採用された。有権者の納めなければならない国税の額は10円に減額された。その後1919年（大正8）の6月に，再度改正された。定数は464議席となり，有権者の納税要件は3円まで減額された。

　さらに1925年（大正14）の3月，定数が466議席，1選挙区当たりの定数が3から5議席の122区の中選挙区制（3人区が53区，4人区が38区，5人区が31区）が初めて導入された。このとき有権者の納税要件がなくなり，不在者投票の制度も導入された。そして1928年の2月に第1回普通選挙が行われた。これ以降，第22回総選挙を除いて，衆議院選挙は中選挙区制で行われることになる。

　そして終戦後，1945年（昭和20）の12月には，選挙権年齢が20歳に引き下げられ，女性に参政権が認められるようになった。定数468議席（定数2議席の沖縄県が含まれているが，行政権が行使できないために実質的には466議席）で，都道府県がそれぞれ1選挙区を構成する大選挙区制限連記制（4議席以上10議席以下の選挙区では2名を連記し，11議席以上の選挙区では3名を連記す

図序-1　日本の選挙制度（衆議院）の変遷

法制定・改正年	有権者の資格		被選挙者の資格	選挙区制	法改正直後の総選挙	有権者数の全人口比と投票率
	性別・年齢	納税				
1889（明22）	満25歳以上の男子	直接国税15円以上	直接国税15円以上納める満30歳以上の男子	小選挙区	第1回（1890）	1.1%（45）　94.0
1900（明33）		直接国税10円以上	満30歳以上の男子	大選挙区	第7回（1902）	2.2（98）　88.4
1919（大8）		直接国税3円以上		小選挙区	第14回（1920）	5.5（307）　86.7
1925（大14）	男子普通選挙			中選挙区	第16回（1928）	20.1（1241）　80.3
1945（昭20）	満20歳以上の男女	普通選挙	満25歳以上の男女（参議院は30歳以上）	大選挙区	第22回（1946）	51.0（3688）　72.1
1947（昭22）				中選挙区	第23回（1947）	52.4（4091）　68.0
1996（平8）				小選挙区比例代表並列	第41回（1996）	59.7（9768）　78.2

（出所）　公明選挙連盟『選挙の話』など。

る）が用いられるようになり，第22回総選挙はこの大選挙区制で行われた。

しかし，1947年3月の衆院選では，選挙の管理・運営の制度に焦点を当てた選挙法の改正案に加えて，中選挙区制導入のための修正案が可決・成立して再び中選挙区制となった。

一方，日本国憲法が1946年に公布されたのにともなって，それまでの貴族院に代わって参議院が設置された。それを受けて1947年の2月には，定数250（地方選出の150議席と，全国区選出の100議席から成る）から構成される参議院選挙法が制定された。その後，1950年には，地方自治体における議会と首長に関する選挙法と国政選挙に関する選挙法とが公職選挙法として1つにまとめられた。

その後，1953年に奄美諸島が復帰して1選挙区となり，衆議院の定数は467議席に増えた。さらに定数の是正を行うために1964年に公職選挙法が改正されて衆院の定数が21議席増えて488議席となった。そして1970年に沖縄が返還され，衆議院が491議席，参院252議席となった。

それ以降も衆院選挙区の定数是正は1975年7月（20議席増で総定数511議席），1986年の8増7減により，過密選挙区8区で各1議席増，過疎選挙区7区で各1議席減が実施されて，総定数512議席となった。なお，この改正によって，例外的に6人区が1区と2人区が4区できた。そして1992年の9増10減により

511議席となった。1982年には参院において全国区に代わり拘束名簿式（ドント方式）が採用された（次節(2)の②参照）。

4 日本の選挙制度概要

(1) 地方自治体における選挙

選挙権は20歳以上の選挙区域の住民が有する。被選挙権（立候補できる人）については，知事は30歳以上，市町村長は25歳以上，議員も25歳以上，ただし議員は3カ月以上その自治体に住所を有することが必要である。

議員にこの要件を課したのは，住民自治の観点から地方議員と地域とのつながりを重視したためと考えられる。これに対して首長に住所要件を課さないのは自治体の外からも幅広く有能な人材を得るという理由からと考えられている。

(2) 衆議院議員選挙

小選挙区比例代表並立制を採用している。この制度は「1選挙区から議員1名を選出する小選挙区制」と「政党に投票し各党の得票率で議席を配分する比例代表制」を合わせたものである。定数は小選挙区300，比例代表180の合計480議席（表序‐1参照）である。

有権者は1人2票を持ち，1票は小選挙区の立候補者に，もう1票は比例区の党に投票する。

①小選挙区制

全国を300の選挙区に分ける。1選挙区は人口27万〜55万人とされ，衆院選挙区画定審議会により選挙区が定まった。立候補者は次のいずれかに該当する政党の届け出により行われる。ⓐ所属の国会議員（衆参両院で）を5人以上有する政党，ⓑ直近の衆・参選挙のいずれかの選挙で全国を通じ得票率が2％ある政党。

このように政党が中心の選挙であるが，本人の届け出，または推せんによる届け出により，いわゆる無所属候補も立候補は可能である。しかしテレビの政見放送に出演できない等いろいろ不利な点がある。

表序-1　衆議院の議席配分

ブロック 比例代表	九州	四国	中国	近畿	東海	信越北陸	南関東	東京都	北関東	東北	北海道	
	21	6	11	30	21	11	21	17	20	14	8	計180
小選挙区	福岡⑪ 佐賀③ 長崎④ 大分④ 熊本⑤ 宮崎③ 鹿児島⑤ 沖縄③	愛媛④ 香川③ 徳島③ 高知③	山口④ 広島⑦ 島根③ 鳥取② 岡山⑤	兵庫⑫ 京都⑥ 大阪⑲ 和歌山③ 奈良④ 滋賀③	三重⑤ 愛知⑮ 岐阜⑤ 静岡⑨	福井③ 石川③ 富山③ 長野⑤ 新潟⑥	山梨③ 神奈川⑰ 千葉⑫	東京都㉕	埼玉⑭ 群馬⑤ 栃木⑤ 茨城⑦	福島⑤ 山形④ 宮城⑥ 秋田③ 岩手④ 青森④	北海道⑬	
	38	13	21	47	34	20	32	25	31	26	13	計300

（出所）　明るい選挙推進協力資料など。

1 選挙区の当選者は，その選挙区で 1 番多く票を獲得した人で，過半数に達していなくても構わない。

また立候補者の乱立を防止するため，小選挙区では候補者 1 人300万円，比例区 1 人600万円，重複立候補も 1 人600万円を国に供託する。得票数が一定数に達しないと供託金は没収される。

②比例代表制

比例代表制は各党（候補者のリスト）の得票率に応じて議席を配分する方法。言いかえると議員が選挙民の意見の縮図となりうるようにする，あるいは議会を有権者の意見がそのまま映る鏡にする方法。いろいろな種類があるが，わが国は，以下の 3 つの方法を併用している。

ⓐ拘束名簿式

政党名に投票し，政党があらかじめ提出した名簿の順位に沿って当選者を確定する。

ⓑドント方式

ベルギーの学者ビクター・ドント（1841—1901）が考案した方法。各党の得票率を 1，2，3……の整数で割り，商の大きい順に議席を配分する（**表序-**

表序-2 選挙制度の比較

	大選挙区制	中選挙区制	小選挙区制	比例代表制
内容	1つの選挙区から複数(2人以上)を選出する制度	1つの選挙区から3〜5人を選出する制度	1つの選挙区から1人を選出する制度	政党の得票数に比例した数の当選人を政党に割り振る制度
長所	①死票が少ない ②小政党からも代表を出せる ③全国的で,有能な人物が選べる ④選挙干渉・情実・買収などの不正が減少する	大選挙区制と小選挙区制のそれぞれの長所を生かそうとする。理論上は大選挙区制に含まれる	①大政党の出現が容易で,政局が安定する ②選挙費用が節約される ③選挙民が候補者の人物・識見をよく知ることができ,国会との距離感が短くなる ④同一政党の候補者がなく,政党本位の選挙になる	①得票率と議席獲得率がほぼ一致し,死票がなくなる ②選挙は合理的に行われ,選挙費用が少額で済む ③個人の情実や因縁につながる票が少なくなる ④政党を選択するから政党本位の選挙
短所	①小政党の出現を促し,政局の不安定を招く ②選挙費が多額に上りやすい ③候補者と選挙民との結びつきが弱く,投票の判断がしにくい。選挙に関心を失いやすいので棄権が増えやすい ④同一政党の候補者同士の争いがおき政党本位の選挙になりにくい		①死票が多い ②小政党が不利になる ③全国的代表者の適格を欠く地方的な代表者が選出されやすい ④買収・供応・干渉が行われやすい ⑤ゲリマンダー*の危険性が高い	①小党分立になる傾向になり,政局が不安定になりがち ②候補者と選挙民との接触が弱まる

(注) ゲリマンダーとは,自分の政党に有利になるように選挙区を決めること。19世紀初め,アメリカの州知事ゲリーがつくった選挙区がサラマンダー(ギリシア神話のとかげ)に似ていたので,こう呼ばれる。

3参照)。

ⓒ重複立候補制(惜敗率)

小選挙の立候補者が所属政党の比例区でも立候補できる制度で,政党として「当選させたい人」の議席を確保する措置である。

また小選挙区でも立候補している候補者が名を連ねる場合に限り,各政党は候補者名簿に1位に3人,2位に2人,というように複数の候補者を擁立できる。

表序-3　ドント方式

名簿届出政党名		A 党	B 党	C 党
名簿登載者数		4人	3人	2人
得　票　数		1000票	700票	300票
除　数	1	①1000	② 700	⑥ 300
	2	③ 500	④ 350	150
	3	⑤ $333\frac{1}{3}$	$233\frac{1}{3}$	100
	4	250	175	75
当　選　人　数		3人	2人	1人

(注)　A党，B党およびC党が候補者名簿を提出し，それぞれ4人，3人，2人の候補者が登載されていたとする。説明の都合上，選挙すべき議員の数は6人とする。

図序-2　重複立候補の仕組み

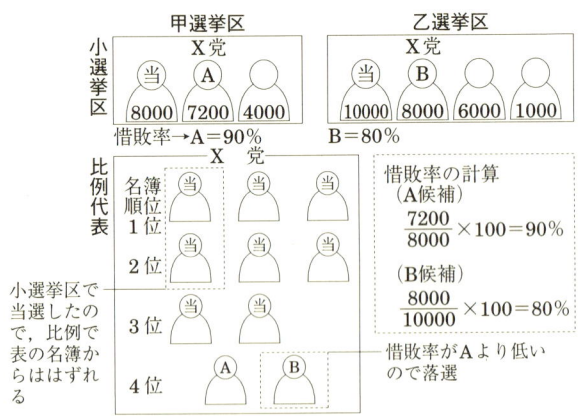

　当選者は，次のように決められる（図序-2参照）。

　①得票数からドント方式により各党の議席が決定。X党は6人当選となる。

　②小選挙区で当選した人を名簿からはずす（1位の1人，2位の1人）。

　③残った人のなかから名簿順に1位の2人，2位の2人，3位の2人と6人まで当選が確定。

④4位は2人。ここからは1人しか当選者を出せない。その場合惜敗率を用いて当選者を決定。

⑤惜敗率は，小選挙での選挙結果がベースになる。各選挙区で自党の落選候補が，当選した候補の得票数の何％を獲得したか（どれだけ肉薄したか）を計算する。ここでは甲選挙区でA候補は当選者に対して90％，乙選挙区でB候補は当選者に対し80％の票を獲得。A候補の方が惜敗率が高く，その結果A候補がX党の当選者となり，B候補は落選。

したがって，候補者は小選挙区と比例区の両方に立候補できるといっても，小選挙区での成績が比例区選挙に反映されるため，重複立候補は小選挙区で必死の戦いを要求される。

(3) 参議院議員選挙

参議院選挙は一般に通常選挙と呼ばれ，政党に投票する比例代表選挙と，各

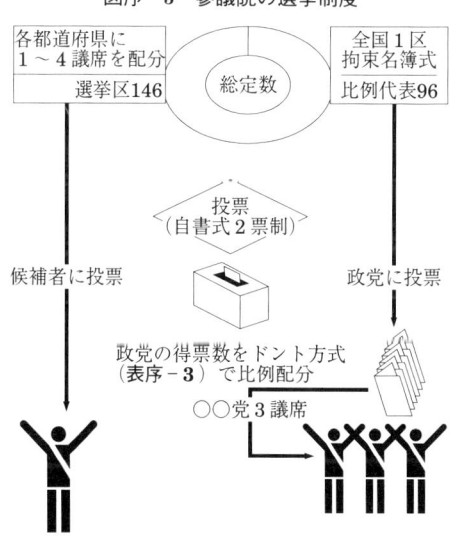

図序‐3　参議院の選挙制度

（注）2000年10月の改正で非拘束名簿式導入される。したがって順位は必要でなくなった。

表序-4　世界の選挙制度

国名	議院	任期	定数	選挙権	被選挙権	選出方法
イギリス	上院(貴族院)	終身	なし	—	—	首相が推せん(国王が任命する貴族・聖職者)
	下院(庶民院)	5年	659人	18歳以上	21歳以上	1区1人選出の小選挙区
アメリカ	上院(元老院)	6年	100人	18歳以上	30歳以上	各州2人選出の小選挙区
	下院(代議院)	2年	435人	18歳以上	25歳以上	各州人口比例の小選挙区
フランス	上院(元老院)	9年	321人	18歳以上	35歳以上	選挙人団による間接選挙
	下院(国民議会)	5年	577人	18歳以上	23歳以上	1回目に10%以上獲得した候補者による小選挙区2回投票
日本	参議院	6年	252人	20歳以上	30歳以上	選挙区152人, 比例代表110人
	衆議院	4年	480人	20歳以上	25歳以上	小選挙区300人, 比例代表180人
イタリア	上院	5年	315人	25歳以上	40歳以上	小選挙区232人, 比例代表83人
	下院	5年	630人	18歳以上	25歳以上	小選挙区475人, 比例代表155人
カナダ	上院	終身(非公選)	104人	—	—	首相の助言で総督により任命
	下院	5年	295人	18歳以上	18歳以上	小選挙区
オランダ	上院	4年	75人	18歳以上	25歳以上	名簿式比例代表
	下院	4年	150人	18歳以上	25歳以上	全国単位非拘束名簿式比例代表
ベルギー	上院	4年	40人	18歳以上	25歳以上	大選挙区単位非拘束名簿式比例代表
	下院	4年	212人	18歳以上	28歳以上	大選挙区単位非拘束名簿式比例代表
オーストリア	上院	6年	76人	18歳以上	18歳以上	州または特別地域単位の比例代表
	下院	3年	148人	18歳以上	18歳以上	小選挙区
スウェーデン	一院制	3年	349人	18歳以上	18歳以上	非拘束名簿式比例代表
スイス	上院	4年	64人	18歳以上	18歳以上	比例代表
	下院	4年	200人	18歳以上	18歳以上	比例代表
ロシア	上院	4年	176人	21歳以上	21歳以上	共和国, 州から2名ずつ
	下院	4年	450人	21歳以上	21歳以上	小選挙区225人, 比例代表225人
ハンガリー	一院制	4年	386人	18歳以上	18歳以上	小選挙区176名, 地域比例152名, 全国比例58
韓国	一院制	4年	299人	20歳以上	25歳以上	小選挙区237人, 全国区62人

(資料)　小林良彰『選挙制度』を中心に作表。

都道府県を選挙区とする選挙区選挙によって議員を選出する。有権者は2票を持ち，比例代表選挙と選挙区選挙にそれぞれ投票する。

2000年10月の改正で次のように定数減となった。

参議院は衆議院のような解散はなく，すべての選挙は議員の任期満了時に行われる。定数は242人で任期6年，選挙は3年ごとに行われ，その都度定数の半数が改選される。

① 選挙区

146人を選出。立候補者名を投票。各都道府県を1選挙区とし定数は各選挙区の人口に比例して決められる。得票数順に当選者が決まる。

② 比例代表区

96人を選出。政党名を投票し全国を範囲とする。ドント方式で議席配分。各党の名簿順に当選者を決める。拘束名簿式についていろいろ問題が生じているので順位を政党が決めず，獲得した票によって決定される非拘束名簿式が2001年の選挙から実施される。

5　外国の選挙制度概要

諸外国の選挙制度の概要は**表序-4**の通りである。**表序-4**にあきらかなように，議会政治の歴史が比較的古い諸国は二院制が多いが，アジア，アフリカの諸国では一院制が多い。選挙権は18歳以上が多く，ヨーロッパではイギリスを除いては比例代表制度が多い。

▶ 参考文献

〔1〕　小林良彰『選挙制度』丸善，1994年
〔2〕　横越英一他『政治学副読本』文眞堂，1997年
〔3〕　老川祥一『選挙のはなし』法学書院，1996年
〔4〕　選挙制度研究会『選挙制度のしくみ』ナツメ社，1994年
〔5〕　五十嵐ふみひこ『選挙のしくみがわかる本』明日香出版社，1992年
〔6〕　宮川隆義『選挙のしくみ』日本実業出版社，1995年

第Ⅰ部　わが国の選挙制度

第1章　戸別訪問

1　はじめに

　民主政治は「国民による政治」でなければならない。しかし国民による政治といっても，昔のギリシアのポリスのような小国家は別にして，規模の大きい今日の国家では国民が直接政治を行うことは技術上無理であり，そこで代表者を通じて行うという代議制をとらざるをえないことになる。わが国憲法においてもその前文にこのことをはっきりと述べている。したがってその代表者を選出する選挙が民主政治の死命を制する重要事項として登場してくる。

　選挙を定義すれば「対立する候補者たちが，政治上の争点について相対立する意見を発表し，十分な情報を持った有権者が，その情報に基づいて理知的な選択をする機会」であると言うことができる。言いかえれば，選挙は「投票者の政策選択の絶好のチャンス」であり，選挙を通じて選挙民の意見や考え方が政治の運営に反映されて初めて，現代国家における代議制デモクラシーが効果を機能的に果たしえるのである。

　ところで今日のデモクラシーにおいて，選挙はかならずしも効果的にこれらの機能を演じているとは言えない。そのうえ選挙の結果に基礎をおくデモクラシー政治そのものに対する疑いが生じており，圧力団体に代表されるように選挙を通じない政治が抬頭し，議会政治の危機が叫ばれている現状である。この原因の1つは選挙制度のあり方にあるのではないかと考えられるのである。

　選挙制度には大きく分けて4つの重要な側面がある。第1は選挙公職者の範囲，第2は選挙権および被選挙権の資格，第3は選挙の方法，例えば議員定数，選挙区制，投票および当選者の決定，すなわち代表制の問題，第4は選挙運動

についてである。

　このような選挙制度のなかで，選挙運動は重要な意味を有している。国民にとって選挙における投票はその政治的意思表明の機会である。したがって選挙運動がどのようなかたちで展開されるかが，政治的意思表明の重大な条件となるのである。選挙運動は「自由」に行われることが原則であるが，また反面「公正」も重視されねばならない。したがって選挙運動に関しては，①時に関して，②人に関して，③方法に関して種々の規制が行われるのである（〔1〕）。

　わが国の選挙制度においても，議員定数の不均衡，文書図画等の頒布，戸別訪問禁止規定が選挙のたびに議論の対象になっており，1977年（昭和52）7月実施の参議院選挙後においても，選挙運動違反容疑者が続々逮捕されている。

　公職選挙法第138条①は「何人も選挙に関し投票を得，若しくは得しめ又は得しめない目的をもって戸別訪問をすることができない」と規定している。いわゆる戸別訪問が禁止されているのである。筆者はこの規定に若干の疑問を感じ，以下論を進める次第である。もとより戸別訪問禁止規定をめぐって憲法学上の立場からあるいは，政治学上の立場から議論が十分なされ，立派な研究もなされているが（〔2〕など），筆者は憲法学上，政治学上の両側面から若干の考察を試みたい。

2　判例・学説

　最初に戸別訪問について主な判例と学説を分析してみる。戸別訪問禁止規定と憲法15条，21条をめぐって最初に最高裁で判決が出たのは1950年（昭和25）9月27日（最大判，刑集4巻1798ページ）である。最高裁は次のように判断した。「選挙運動としての戸別訪問には種々の弊害が伴うので衆議院議員選挙法98条，地方自治法72条及び教育委員会法28条はこれらを禁止している。その結果として言論の自由が幾分制限せられることもあり得よう。しかし憲法21条は絶対無制限の言論の自由を保障しているのではなく，公共の福祉のためにその時，所，方法等につき合理的制限がおのずから存することは，これを容認すべきものと考うべきであるから，選挙の公正を期するために戸別訪問を禁止した結果とし

て，言論の自由の制限をもたらすことがあるとしても，これらの禁止規定を所論のように憲法に違反するものということはできない」。

その後，この判決は1967年（昭和42）3月10日（最高裁，小刑集162号）に受けつがれ，判決も固定化し，解決済みのことがらと見なされたが，東京地裁は同年3月27日「戸別訪問の規定は，それがあらゆる戸別訪問を禁止する限り，違憲の疑いが濃い」（東京地裁42.3.27，判例時報493号）とし，戸別訪問により買収等の重大な害悪を発生せしめる「明白にして現在の危険」があると認めるときに限り初めて合憲であるという判断を下し，全般的な戸別訪問禁止を当然合憲としてきたことに大きな問題を投げかけたのである。

最高裁はこの「明白にして現在の危険」について，他の訴訟において「公職法138条1項は，選挙運動としての戸別訪問には，種々の弊害を伴い，選挙の公正を害するおそれがあるため，選挙に関し，同条所定の目的をもって戸別訪問をすることを全面的に禁止しているのであって，戸別訪問のうち，選挙人に対する買収・威迫・利益誘導等，選挙の公正を害する実質的違反行為を伴い，またはこのような害悪の生ずる明白にして現在の危険をあると認められるもののみを禁止しているのではないと解すべきであるところ，選挙の公正を期するために戸別訪問を禁止した結果，言論の自由にある程度の制限をもたらすことがあっても右禁止は憲法21条に違反しない」とした（最高裁42.2.21，刑集21巻9号1245ページ）。

しかし翌1968年（昭和43）3月12日に和歌山妙寺簡裁で次のような判決が出た（判例時報512号76ページ）。「公職法138条第1項の規定は，文理解釈上も，規定の成立改革の沿革からいっても，明白かつ現在の危険の存在しない場合を含めて，何らの規定も付さずすべての戸別訪問を規定しているものであることは明らかであるから，場合を分けて適用を異にする余地はなく，規定自体憲法21条に違反し無効といわなければならない」として史上初めて戸別訪問禁止規定は戸別訪問の種類に関係なくすべて違憲であると判決した。

最高裁はこれに対して同年11月1日（最高裁刑集22巻1319ページ）において「選挙人の居住，その他一般公衆の目にとどかない場所で選挙人と直接対面しておこなわれる投票依頼等の行為は買収，利害誘導等選挙の自由を害する犯罪

の温床となり易く，かつ選挙人の私生活の平穏が乱され，候補者側も互に訪問回数を競うことによって煩がたえられなくなるからである」と以前の最高裁に見られなかった戸別訪問の弊害をあげて，以前どおり禁止規定の合憲をくり返した。

以上戸別訪問をめぐる主な判例を列挙してきたが，戸別訪問をめぐる主な考え方をまとめてみると次のようになる。

第1説は戸別訪問の禁止を合憲とする見解である。すなわち憲法21条は，絶対無制限に言論の自由を保障しているのではなく，公共の福祉のために，その時，所，方法等に合理的制限があり，戸別訪問には買収・利害誘導等の実質的不正行為が行われやすく，候補者側で無用・不当な競争を余儀なくされ，選挙運動の実質的公平が害されるし，義理，人情等の不合理な要素によって選挙人の自由意思による投票が阻害されると主張する。

第2説は戸別訪問の禁止そのものを違憲とするのではなく，より狭く，いわゆる「明白かつ現在の危険」（clear and present danger）をその解釈基準において考えていこうとする見解である。すなわち言論の自由を事前に制限し，その違反行為を処罰できるのは，戸別訪問を行うことによって重大な害悪が不可避的に生ずるという切迫した危険があり，それを制限する以外に右の害悪の発生を防止しえない場合に限られるとし，この観点から，戸別訪問の禁止規定を見ていくと，この制限は違憲の疑いがあるとする見解である。

第3説は戸別訪問の禁止規定を憲法21条違反であるとする。すなわち選挙運動としての戸別訪問は，本来言論をもって投票依頼の説得活動を意味するものであるから，これを禁止することは選挙という領域における言論の自由を制限することにほかならないことをまず確認する。そしてこの立場から言論の自由を制限する戸別訪問は憲法21条違反であるとする（〔3〕〔4〕）。

3　史的考察

次に戸別訪問禁止規定の成立について歴史的に探求してみる。有権者の訪問禁止の立法例は西欧民主主義国には，事例を見出すことができない。またわが

国内法においても，新，旧両憲法体制を通じて，この選挙法規を除いては他人を訪問することを犯罪とする立法例は存在しない（〔5〕）。

戦前のわが国において選挙権の拡大にともなってかえって選挙運動の自由がせばめられ（普選→治安維持法施行），1925年（大正14）の普通選挙法にはそれ以前の選挙になかった選挙運動の制限規定が設けられ，「何人と雖も投票を得若は得しめ又は得しめさることを目的を以て戸別訪問を為すことを得す」として戸別訪問が禁止されたのである（〔5〕）。戦前の選挙法がこのようにその出発点から煩瑣な取締規定を設けた事由は，次のような選挙観が前提にあったからであると考えてよい。

選挙は，市民的な活動に基づく市民的な行事なのではなくて，国政に部分的な参加を許すための国家的な行事なのであった。そのようなものとしての選挙を，いかに運営するかは国家が一方的に決めうる政策事項なのであった（〔6〕）。

すでに戦前においてもこのような取締規定が選挙の弊害を矯正する以上に，国民の選挙関心を低下させることになって立法論的に妥当でないという批判は出されていた。しかしおよそ明治憲法下では天皇が主権者であり，市民は統治の客体である限り，市民の国政参政権は国家の立法裁量の範囲に属し，憲法上の疑義は問題となりえなかった。他方表現の自由との関連においても，明治憲法下の自由は「法律の範囲内に於て」（明治憲法29条）という留保がなされていたから，やはり憲法上の問題はなかった。要するに明治憲法下の選挙運動制限規定は，明治憲法の原理を前提とする限り，論理的には矛盾なく導き出されたものであった。

明治憲法から日本国憲法への憲法原理の転換にともなって，主権は天皇から国民へ移り，表現の自由は法律の留保を伴わない憲法上の権利として認められるようになったことで，選挙運動の制限についても新たな観点からの再検討が必要とされたと思われる（〔6〕）。

戦後1947年2月制定の参議院議員選挙法では，戸別訪問の禁止規定はようやく廃止を見た。しかしこの運動の自由化に対して政党側からはげしい反論がなされた。そうして戸別訪問禁止の復活などの付帯決議をつけて政府案に賛成し

たが，1カ月後の同年3月の法改正で戸別訪問禁止を規定した。その後1950年各種選挙法が統合されて公職選挙法が制定された。本法でも戸別訪問禁止規定は当然維持されたが，候補者は親族，知人を訪問することは許されることになった。しかし1952年法改正はこの但し書を削除した（〔5〕）。

一般にわが国の選挙法は次のような特色を持つことが指摘されている。①選挙運動の自由の煩雑かつ厳格な制限，②選挙の公正確保という目的ではあるにせよ，現職の首長・議員が公の催しものに積極的に参加することが認められ，そのため次の選挙戦で有利であるとされるという，選挙公営制度の不備，③各種の規則に見合う制裁規定が，形式的には整備されているが，規定自体の抜け道や違反取締りの不徹底かのいずれかによる，その実効性欠如（〔7〕），以上の3点である。現在のわが国の選挙は投票所の入場券が「お上」から「配給」されてくることに象徴されているように，文字通り官製の選挙にほかならない（〔8〕），という表現も過言ではないであろう。

4 私 見

最後に戸別訪問禁止規定のついて筆者の見解を述べてみる。まず第1に戸別訪問が禁止されているために，国民の選挙への関心が弱まり，選挙の意義が損なわれるということである。初めに述べたように現代政治における選挙の意義は測り知れないものがあり，選挙は単なる公職者の選出というだけでなく国民が政治に参加するほとんど唯一の機会である。そのチャンスが戸別訪問禁止により失われている。第2に人が人を訪問することは，当然の行為であり自由である。選挙なるがゆえにこれを禁止することは正当でないし，特に選挙運動の原則はあくまで自由でなければならない。議会政治の危機が叫ばれ，脱政党化現象の見られる今日，国民の直接的政治参加の機会と方法を奪うことは，政治的に大きな損失と言わざるをえない（〔9〕）。

また，判例の言う戸別訪問の弊害は果たして真に弊害をもたらすのであろうか。戸別訪問が買収，不正行為の温床になるという点であるが，今日のように政治意識の発達した時代に，戸別訪問して「金」や「物」をバラまいて当選で

きるのであろうか。選挙における買収行為は，見ず知らずの一般有権者個人になされる場合は非常に少なく，ほとんどいわゆる「選挙ボス」「選挙ブローカー」に票まとめを依頼するときに行われるのが常である。さらに戸別訪問は選挙民にとって迷惑であり，運動員側にとって繁雑過ぎるということであるが，候補者は「当選」するために，運動員は候補者を「当選させる」ために戸別訪問をするのであるから，有権者に不愉快を与えたり，当選に不利になることは絶対しないから，おのずから良識が守られるであろう。また，戸別訪問が自由になったからと言って必ず候補者は戸別訪問をする義務はないのであって，1番有効な選挙運動を考えれば良いのである。戸別訪問こそ金のかからない選挙へのステップであり，人が人を訪問し政見を述べることは何らの経済的負担を伴わないものである。

　むしろ戸別訪問禁止の弊害の方が多いのではないだろうか。法律で禁止されている戸別訪問は，実際の選挙において堂々と行われている。選挙法は代議制のもと国民の代表を選ぶゆえに，非常に政治感覚の強いものである。そして，その代表を選ぶ法がザル法であることが国民に対する法軽視の傾向を生み出し，さらに法律を守っていては選挙に勝てないという傾向を生み，それが政治軽視の一原因となっていると考える。また戸別訪問の禁止のため選挙運動が「密室」の場所で行われ易く，複雑な選挙法にふれることを恐れて一般の人が選挙に参加しない原因ともなっていると考える。そのうえ制定当時からすでに半世紀が過ぎ，国民の知的水準も大きく向上しており，社会情勢も当然変化し，制定当時の禁止の意味は今日では合理的理由を失い，欠陥のみが目立っている。戸別訪問禁止の弊害として，市民の選挙運動・言論活動が阻害されているし，そのほか禁止制度があるため，一方では選挙運動者間におけるみにくい足のひっぱりあい（密告の普遍化）が行われ，他方では取締り当局は実質犯の取締りを犠牲にして，密告にかかわる形式犯の規制に忙殺されており，禁止制度は，市民に不善を強い，公権力に「公正手続・違背の機会をあたえているのである」，との主張もある（〔2〕）。

5　むすびにかえて

　以上，戸別訪問禁止規定について若干の考察を試みてきたが，選挙における「自由」と「公正」を維持することは代議制政治制度の基礎的要素である。したがって選挙運動の自由放任の結果，不公正な結果が行われることは許されない。そのため選挙運動の自由がある程度制限されることが要請されるが，「公正」という名の下に「自由」に対して必要以上の制限を加えることは厳禁されなければならない。前述のようにわが国の選挙法は民衆蔑視観，愚民観に立っており，人権尊重，平和主義理念に立つ憲法諸原理とあいいれない物の考え方である（〔2〕）。

　また普通の政治活動が選挙時に際して制限されていることは，当然に選挙時以外の日常における政治活動をも低調ならしめている。また，選挙期間中の飲食人数制限は守られておらず，戸別訪問も実際行われているなど選挙法がザル法であるため，選挙の場では，討議がさかんに行われることを期待することはできない。それゆえ選挙の支持は意見，政策を戦わせる以前の段階で決定される。人情・情実・社会的人気などの非政治的理由で大量の票が動かされるのである。戸別訪問禁止規定廃止を始めとするわが国の選挙法の合理化，近代化こそ真に日本に民主主義をもたらすと言っても決して過言ではないであろう。

▶参考文献
〔1〕　林田和博『選挙法』
〔2〕　奥原康弘「第五章言論の自由と司法審査」東京大学社会科学研究所編『基本的人権　4』東京大学出版会，1968年
〔3〕　芦部信喜・高橋和之編『憲法判例百選〔3版〕』有斐閣，1994年
〔4〕　奥原康弘・杉原泰雄編『憲法を学ぶ〔第3版〕』有斐閣，1996年
〔5〕　杣正夫「戸別訪問禁止規定の成立」内田満編『現代のエスプリ　選挙』至文堂
〔6〕　野中俊彦「選挙運動の制限と表現の自由」『続日本の憲法判例』
〔7〕　『現代の立法』〈岩波講座現代法〉
〔8〕　杣正夫『日本の選挙』
〔9〕　阪上順夫『日本選挙制度論』政治広報センター，1990年

第2章 定住外国人の選挙権

1 はじめに

　第18回参院選挙は自由民主党大幅議席減，予想以上の高投票率という話題を残して終わった（第Ⅱ部第4章参照）。その参院選の新聞報道のなかに次のような記事が小さくのっていた。「在日党代表高知で届け出，国籍なく不受理。定住外国人に参政権を認めるよう求めている在日党の李英和代表（43）（関西大助教授）が25日，参院高知選挙区に立候補の届け出をしたが，高知県選管は日本国籍がないことを理由に受理しなかった。高知選挙区を選んだのは，地方選挙での定住外国人の参政権について，橋本大二郎知事が前向きな姿勢を示しているため。李代表は，届け出を決めるくじは引いたものの，書類審査で戸籍抄本がないため受理されなかった」（〔1〕）。
　定住外国人とは，徐龍達の定義に従い，
　　「「定住外国人」とは，日本社会に生活の基盤があって，社会的生活関係が日本人と実質的に差異のない，日本国籍をもたない外国人のことを言う。具体的には，Ⓐ大日本帝国の侵略によって，直接・間接を問わず，渡日を余儀なくされた韓朝鮮人，中国，台湾人など。Ⓑ前項の韓朝鮮人や中国，台湾人らの子孫で日本で生まれ育った者。Ⓒ日本に居住して3年（国籍法上，帰化の最短年数）以上の者で，生活の基盤が日本にあって納税の義務を果たしているその他の外国人」
として以下論を進める。
　また在日韓国人の牧師朴昌煥は「この国で生まれ育ったから，この国を愛している。国がよくなることは，自分たちがよくなることだから，そのためには

何らかの形で意思表示をしたい。でも永住権を与えられているが，投票権はない。私たちの立場を代弁してくれる人がほしい。現実は「在日」の参政権に取り組んでも票にならないから難しい。以前ある選挙で投票依頼の電話がかかってきた。「投票権がないんです」と言うと「どうして」と不思議がっていた。案外知らないんですね。私たちには本国にも，日本にも投票権がないことを。

共に生きる社会・外国人にも分け隔てなく，世界に通用する普遍的な価値を日本の憲法は持っている。投票しない人に代わり投票してあげたい気持です」（〔2〕）と述べている。*

定住外国人の投票権については，政府，学説，判例は，日本国民イコール日本国籍を有する者であり定住外国人には投票権がないという考えであったが，1995年2月28日の最高裁判決では「永住者らに地方選挙権を与えることは，憲法は禁止しておらず，どんな措置をとるかは立法上の問題」と判断し，地方参政権を認める憲法学説も有力となってきている。

1998年（平成10）10月初旬の金大中韓国大統領も来日の際「在日70万人の苦難の歴史の特別な背景を正しく認識している。日本社会で税金を払った分の権利や人権が守られ，地方参政権が得られるようにしたい」（〔3〕）と語った報道もされた。

この機会に新党平和の冬柴鉄三衆院議員が中心となって，平和・改革・民主党の三派が，在日韓国人を始めとした定住外国人が地方自治体の首長，議員の投票権を持つことができるための法案を提出した（被選挙権は認めていない）（〔4〕）。

本章おいて筆者は定住外国人は日本国憲法の理念および政策学，行政学，政治学の立場から見ても，地方参政権のみならず，国政政治への投票権，被選挙権を有するとの立場から，諸見解，諸学説を検討してみたいと考える。

---

* 落語家の桂あやめも親しくしていた彼が，大阪生まれの大阪育ちでも国籍が韓国というだけで選挙権がないということを初めて知ったと。「「せっかく選挙権持っているのに行かな損やん。行かへん言うたやつ多いからムカツク」彼は明るく言ったけど，日本で暮らして税金を払いながら傍観しているしかない，という彼らが一番冷静に候補者を見つめているような気がする」（『朝日新聞』1998年7月22日）。

2　学説・判例

　国民イコール国籍保持者と考え，選挙権・被選挙権の行使のいずれについても，当然の常識として「国籍」保持者たる「国民」（住民）に限定される。地方選挙権も国民主権から派生し，憲法15条1項の国民と93条2項の住民との関係は全体と部分の関係であり，両者は質的に等しいから，地方参政権も認められない（禁止説）。

　これに対して，近時の，治者と被治者との自同性を踏まえ，国民主権下の主権者とは，国籍保持者という意味での国民ではなく，「その政治社会における政治決定に従わざるを得ないすべての者」であって，外国人であっても「日本にも生活の本拠を有する外国人（定住外国人）」には，地方・国政を問わず，選挙権・被選挙権を保障するものとする（要請説）。

　第3の学説は，地方参政権のみに限定するものの，住民による首長や議員等の選挙を定める憲法93条2項が，直接的には「地方自治の本旨」（92条）から派生するものととらえ，その居住する地域共同体の構成員として生活している定住外国人にも，地域共同体の一員として選挙権を認めるかどうかは立法上の問題とする（許容説）。

　許容説の論拠として，①日本国憲法が15条1項（国民）と93条2項とで表現を使い分けていること，②国家意思と区別される「住民」意思による地域的正当性に支えられる地方自治の理念からして，「住民」である定住外国人に選挙権を認めることは許容される，③地方自治体の高権的行為は「法律の範囲内」で行う（憲法94条）という枠がある以上，定住外国人に選挙権を認めても国家的正当性の契機を切断することにならない，と主張する。

　判例の傾向としては今のところ国政にあっても地方にあっても，さきの禁止説を踏襲し，要請説を否定している。しかし1993年6月29日の大阪地裁判決では，定住外国人について，「参政権を付与するか否かは立法政策上の問題にすぎない」とし，さらに，1994年10月5日の福井地裁判決は，諸外国における市町村レベルでの定住外国人に対する選挙権の付与の実例を紹介し，外国人の選

挙権を認めるか否かは立法政策上の問題にすぎないとしながら，「これら諸外国の立法例の存在は，市町村レベルでの選挙権を一定の外国人に認めることは憲法の許容するところである，との見解は十分に成立ち，実施可能である」との見解を示した。

1995年2月28日最高裁判決は，「我が国に在留する外国人のうちでも永住者等であってその居住する区域の地方公共団体と特段に密接な関係を持つに至ったと認められるものについて，法律をもって，地方公共団体の長，その議会の長，その議会の議員等に対する選挙権を付与する措置を講ずることは憲法上禁止されているものではなく，その措置を講ずるか否かは，専ら国の立法政策にかかわる事柄である」と画期的な判断を下した。この判決によって，定住外国人の地方参政権を認めることは，憲法上も可能であることがよりはっきりとなり，「許容説」を主張する研究者も増加した（〔5〕〔6〕など）。

3　政党の取り組み

1993年7月総選挙の結果，自民党単独政権が崩壊して細川内閣が成立し，永田町の政局が流動的になり「地方参政権」の立法化の可能性が生まれ，次いで1993年9月9日の大阪府岸和田市議会の決議を始めとして，全国の自治体議会で付与支持（地方参政権）決議，検討要請決議がなされるようになった。

1994年11月新党さきがけ島根県支部が積極姿勢を示して，付与の法案要綱を発表した。各政党間の関係によって一挙に法改正が行われる現実の可能性があることが明らかになり，永田町の空気が変わった。

さらに大きな影響を与えたのは，1995年2月28日の付与容認を示した最高裁判決である。これにより，それまで一部にあった付与違憲論が消え，自民党以外の各政党が相次いで案を提示するようになった。連立与党の政策協議の議題にもなった。そこで1995年の春には，明日にでも法改正が行われるような雰囲気になった。議論のポイントは，地方参政権を認められる定住外国人の範囲と，認められる権利の内容であった。

定住外国人の範囲は，5年以上滞在する者（さきがけ島根，社会党），3年

以上の者（公明党，共産党）のように在留歴で切る考え方と，永住権者等（最高裁），在日旧植民地出身者（新進党）のように在留資格で切る考え方がある。与えられる権利については，選挙権だけに限る考え方と（新進党），被選挙権のうち地方議員について認める（公明党），首長の被選挙権も認める（さきがけ島根，社会党，共産党）と，考え方が分かれた。

その後自民党内の一部の頑固な反対論の巻き返しがあり，いろいろな政局の変化により事態が停滞していたが（〔7〕），「1 はじめに」で述べたように新党平和が中心となって，平和改革，民主党の3派が1998年10月法案を提出した。

4　諸外国の現状

諸外国の現状は国政レヴェルで選挙権を認めているのはニュージーランドだけであり，北欧諸国は地方レヴェルでは選挙権，被選挙権とも認めている（表Ⅰ-2-1参照）。

5　むすびにかえて

(1) 徐　説

定住外国人の地位向上のために理論，運動の両面に献身的に取り組んでいる徐龍達は，定住外国人はすでに「帰国志向」から一般に脱却しており，帰るべき祖国に家・土地などの生活基盤を持たず，日本に定住せざるをえない立場にある。その点，商業，興業，出張などの目的で一時滞在する一般外国人とは異質の存在なのである。したがって，定住外国人はこれまでのように日本社会で差別をされる対象＝客体，マイナスの存在なのではなく，日本人と協同して地域社会を良くしていく創造的主体，プラスの存在である，という矜持を持つべきである。日本人にいつまでも差別されるかわいそうな，悲しい存在なのではない。定住外国人として義務を果たし，堂々と胸をはって権利を主張し生きぬく地域社会の主人公なのである。その主人公が，地域社会の構成員として地方参政権を持つことは当然至極のことである。

表 I-2-1 主要国の在住外国人への選挙権・被選挙権の付与状況

	国政レヴェル		地方レヴェル		在住外国人の選挙権・被選挙権付与のために必要な条件等（その根拠となる法律）
	選挙権	被選挙権	選挙権	被選挙権	
スウェーデン	×	×	○	○	3年以上の合法的在住（選挙法、地方自治体法）
デンマーク△	×	×	○	○	3年以上の合法的在住（地方自治体選挙法）
ノルウェー	×	×	○	○	3年以上の合法的在住（選挙法）
オランダ△	×	×	○	○	5年以上の合法的在住（憲法、選挙法、地方自治体法）
アイルランド△	×	×	○	○	6カ月以上の合法的在住（選挙法）
スイス	×	×	△	△	一部の州（ノイエンブルク州など）で一定期間以上の在住を条件に選挙権・被選挙権を付与（連邦憲法、州憲法、州法等）
スペイン△	×	×	△	×	相互主義の原則に基づいて選挙権を付与（選挙、選挙法等）
ポルトガル△	×	×	△	×	ポルトガル語諸国の国民に相互主義の原則に基づき一定の在住を要件に選挙権を付与（憲法、協定等）
イギリス△	△	△	△	△	英国連邦市民およびアイルランド市民に限り、英国民と同様の要件の下に選挙権・選挙権を付与（国民代表法）
フランス△	×	×	×	×	
ドイツ△	×	×	×	×	
イタリア△	×	×	×	×	
ギリシア△	×	×	×	×	
ベルギー△	×	×	×	×	
ルクセンブルク△	×	×	×	×	
アメリカ	×	×	×	×	
カナダ	×	×	△	不明	大部分の州で一定期間の在住等を条件に選挙権を付与（州法等）
ニュージーランド	○	△	不明	不明	選挙権については、同国の永住権（1年の在住期間が要件）を有していること。被選挙権については、改正選挙法の施行された1975年8月22日の時点で選挙人名簿に登録されていたこと（選挙法）

（注）なお、この表は EU 統一参政権発効前のもの。EU 閣僚理事会指令に基づき、各加盟国（△を付した国）が国内法を整備した場合は、同盟市民（EU 域内市民）は EU 域内においては、当該加盟国国民と同じ条件で地方参政権を付与されることになる。一部の例外を除き、1996年1月1日までに各国で法制化を行うよう要請されていた。ただし、この際の参政権付与の対象はあくまで EU 同盟市民に限られ、他の地域出身の定住外国人には適用されない。

（出所）「定住外国人の参政権」国立国会図書館調査立法考査局『調査と情報— ISSUE BRIEF —』第263号、1995年。

定住外国人が日本の各地域の市民・住民としての地位を確立することが，人間が人間としてお互いに平等な立場で共生しうる前提となるわけで，その実現は，地方参政権の獲得においてないのである。地方自治法第10条が定住外国人も住民であると認めて納税の義務を課しながら，政治的権利について限定し，住民サービスの基本となる住民基本台帳から定住外国人を除外したことは，明らかに差別行政である。このような不条理も，定住外国人参政権によって是正されるであろう（[8]），と徐は主張し，その根拠として，敗戦後の日本を占領した総司令部（GHQ）から呈示された憲法草案の「国民」の原文は，第10条の「日本国民」（a Japanese National）を除いて第12条（the people），第13条（all of the people），第15条（the people），などすべてが people（日本人民，住民）であって，現行憲法の英文訳もそうなっており「日本国籍を有する者」となっていない，とする。

アメリカ社会における people は，もともと居住地域を包括する概念であるが，日本側においてこれを国籍で制限された国民に矮小化したのである。したがって，憲法上の国民概念を本来のピープル（人民，住民）に解釈し直すならば，定住外国人という権利主体もその範疇に属することになる。そこで拡大された「国民」は「国籍をもつ住民」でなく，「国を構成する住民」となる。徐は以上のように主張し，定住外国人の地方参政権を提言する（[8]）。

(2) 江橋説

江橋崇も以下のように主張する（[7]）。地方参政権付与の意義として，地方参政権の否定されている現状は重大な差別であり，人権侵害である。地方参政権は基本的人権の1つであり，基本的人権は人格的な自己実現，自己決定のルーツである。そしてこの自己決定の権利は，政治的な自己決定への関与なしには十全なものとはなりえない。他者による政治的な決定・支配に服従していては自分の人生を自分で決定するとは言えない。人間は地域社会の共同管理に参加して自己の生活を自己統治する権利を持ち，そうした権利がたまたま国境を越えて生活の本拠を移動させた場合に消滅するというのは非合理である。

また軽視できないのはこの問題に関する地域，草の根での盛り上がりが自治

に与える影響である。本当の自治，つまり市民自治による社会の管理と言えるためには，すべての住民の声が自治体の議会と行政に反映されていなければならない。草の根で民主主義を維持するには，弱者の声に耳を傾けられるような制度が必要である。国際化の時代には外国人の声が必要である。

(3) 浦部説

　これに対して浦部法穂は，日本国籍を持っているかいないかということが人権保障の有無や度合いを決する基準にはならない。しかし，「人間が人間である以上当然にもつ権利」である人権の保障について，なにゆえ国籍が問題になるのかという疑問が出てくる。国籍は人の自然的な属性ではないから，人が人であるというその自然的属性に基づいて持っているはずの人権の保障が，国籍によって左右されるというのは，そもそも理屈上あわない，と言えるはずである。こうした理屈の問題と同時に，さらに現実の問題がある。日本に在留する外国人の圧倒的多数が，日本社会に生き日本を生活の本拠とするいわゆる「定住外国人」であり，しかもそのなかでさらに圧倒的多数を占める人々は，もともと本人の意思にかかわりなく，日本が勝手に「日本国民」（帝国臣民）にし，その挙げ句，また勝手に「外国人」にしてしまった人々，およびそれらの子孫で，日本で生まれ育った人々であるという現実である。

　これらの人々は，実際は日本社会の一員として生きており，日本の地で現に生活を営んでいる。にもかかわらず，国籍が違うというだけでこれらの人々に対する人権保障の問題として，従来の考え方をそのままあてはめるということになると，保障されない人権があったり，特別の制限が加えられたり，ということで，現実にきわめて不合理な結果がもたらされる（〔9〕）。

　法律上の用語としての「国民」は日本国籍を意味する場合もあれば，広く日本の統治権に服する者，日本に住む者を意味する場合もあるのであって，憲法でも法律でも「国民」と書いてあるからそれを日本国籍を有する者のことであって外国人を含まないと簡単に言ってしまうわけにはいかない（〔8〕）。

　参政権にとって重要なのは「国籍」ではなく「生活実態」であろう。日本における政治決定に従わざるをえない「生活実態」にある外国人に選挙権を保障

すべきである（〔8〕）。

「地方自治の本旨」である住民の自治という考え方はそもそも，自分たちのことは自分たちで決めるという民主主義の理念に基づいている。そのことは，地方自治のレヴェルだけ保障されればよいというものではない。国政レヴェルにおいてもまた，この理念は貫かれなければならない。「国民主権」の原理もまた，自分たちのことは自分たちで決めるという民主主義の理念に基づくものと考えなければならない。この意味において国政レヴェルも地方のレヴェルも，違いはないのである。

もちろん，運動論としては，まず地方参政権を，というのはありうる選択である。それは，国政レヴェルまで見据えたものであるべきである。さらに言えば，地方自治体の自治権を国の統治権と完全に分離してとらえることは，理論的に言って問題をはらんでいる。地方自治体における住民の自治は「国民主権」原理と無関係のものではなく，その地方自治体レヴェルへの反映としてとらえるべきである（〔8〕〔10〕）。以上のように浦部は，定住外国人の地方参政権のみならず国政参政権付与を憲法学の立場から主張する。

筆者も政治・行政学徒として法解釈学より立法政策的な立場からも浦部説に賛同する。

日本およびそこから決定された政治的決定から，「逃げ去らない」ことを決断している外国人からすると，外交や防衛も含めて，その国のその人にとって「生活運命共同体」だからである。その人からすれば，地方自治体「政治」ばかりでなく，国家「政治」も，自らの生活に重大な影響を及ぼす。そこで暮らす外国人からすれば，国家「政治」と地方自治体「政治」によって決定的な違いが出てくるわけではない（〔5〕），という見解もある。

(4) 李　説

定住外国人参政権運動家・李英和も，次のように主張する。

「そもそも地方参政権と国政参政権とを分けて要求するというのは，歴史的にみても前代未聞のケースですよ。参政権という概念が生まれた時から，国政への参政権と地方参政権というのはセットであったのです。タマゴの

カラを破らずなかみだけ飲もうなんて主張は無茶です。たとえばアメリカの黒人が奴隷から解放された時に、まず最初は地方参政権から与えられて国政参政権はあとまわしに、なんていう話はなかったでしょう。

　南アフリカのアパルトヘイトの黒人運動だって、「オレたちは地方参政権だけよこせ」なんて絶対ない。日本の婦人参政権だって、戦後両方ともまとめて獲得されたものですよね。

　地方参政権だけを求めてゆく運動の根拠には、ヨーロッパでいくつかの国で地方参政権を外国人に与えているという事実があります。しかし、あれだって、本来外国人労働者たちは国政を含めた完全な参政権を要求していたんであって、それに勝てなくて権力側がもち出した地方参政権のレベルにおちついているという事実を見逃している。表面しか見なくて、ヨーロッパ並みに地方参政権だけ要求するなんていうのは、言ってみれば権力者側の発想なわけで、人権を求める運動として情けないですよ。

　いきなり国政なんて突拍子もないと言う人もいるんですが、歴史的に見れば、在日朝鮮人には1945年まで植民地時代に参政権があったわけですよね。植民地支配に対するささやかな代償としてですが」（〔11〕）。

　筆者もまた国政参政権を獲得する手段のステップとして地方参政権を要求するいわば運動としての地方参政権獲得ならば賛同するが、国政参政権がなく地方参政権だけを認める見解には、賛成できない。江橋崇の主張する地方参政権付与の意義は、国政参政権によっていっそう意義深いものになるであろうし、地方参政権のみを含めるいわゆる「許容説」について次のような見解もある。

　「許容説は基本的には、禁止説立っているといえよう。そのことは許容説の立場の出発点が、選挙権の性質上、当該国家の「国民」に限定されるのはきわめて当然のことと言わねばならない。外国人にそれを認めることは国民主義の原理に反することと言えよう。その上で、許容説は地方自治のレヴェル、とりわけ住民の日常生活に密着する市町村のレヴェルにあって、定住外国人に選挙権を認めることまで排除するものではないと解される。すなわち、許容説は、定住外国人の選挙権には原則禁止であるが地方自治体についてのみ禁止を解除できる」（〔6〕）。

という立場であれば，日本国憲法の理念から考えてとうてい賛成できない見解である。

(5) 近藤説

近藤敦は定住外国人の参政権に対する立法政策上の反対論の根拠として，
　①諮問委員会による代替（参政権でなく外国人の声を地方政治に反映させるため）。
　②相手国との相互主義（相手の国が認めないことを理由に外国人の参政権に反対する）。
　③外国人の出身国の政府や外国人団体の同化による母国への忠誠心の喪失。
をおそれている。

(6) 金　説

金昌宣は次のように主張し，参政権を否定する。
「問題は在日朝鮮人がおかれた具体的状況のなかで，果たして参政権の実現が真の意味での差別的な状況の解消，または朝鮮人として生きるうえで意義あるものなのかどうかということである。在日朝鮮人が求める権利とは本質的において，朝鮮人として生きる権利（民族自決権）であり，その否定が今日における人権侵害の内容である。日本人とは変わらないから日本人と同じ権利を要求するのは朝鮮人としての権利の放棄であり，そのような権利問題はすでに矛盾した人権である」（〔13〕）。

(7) 私　見

母国籍を失うことは当人にとってどんな気持なのか，筆者は次の2冊の書物から理解に努めたい。シベリア半世紀すごした民間人蜂谷弥三郎をモデルにした書物に次のようにある。「同僚たちはソ連の国籍を取って，人並みの暮らしをすればいいんだ，と勧めてくれる。病気になっても無断欠勤を許されず，厳しく罰せられる日本人としての生活は骨身にこたえてきた。しかしソ連国籍を受ければ，蜂谷弥三郎は祖国を捨てたことになる。妻子が住み，両親と兄弟も

住む日本を捨てられるはずがない。……迷いの末ソ連国籍を取ろうと決心した。〔中略〕ソ連の国籍を取得したことが，取り返しのつかない大罪を犯したように思われる」（〔14〕）。

また中国残留婦人をテーマにした『忘れられた女たち』のなかの「私は日本人，日本人だから日本で死にたい」，この言葉が残留婦人たちの孤独な中国での生活を支えている。中国人の多くの子や孫に囲まれた毎日だが，残留婦人のだれ1人，中国籍に変えていない（〔15〕）。

以上の考察から定住外国人の参政権に代わる立法政策を見出すことはできない。

筆者は韓国大統領の声明，研究者の研究の成果，マスコミの取り上げ，等で定住外国人の地方選挙参加は近い将来必ず実現されると信ずるが，それに終わることなく，国政選挙への定住外国人の参加を強く訴えるものである。

国政選挙で国籍が異なっても，おのおの母国の民族衣装を着て選挙運動をしている姿を想像するだけでも胸おどる気持である。

判例は社会の出来事の最終判断である。一般にわが国の政治・行政問題は，学者，研究者の問題提起，マスコミの支援なくして改善できない。定住外国人の国政参加問題も例外でなく，今後，研究者，マスコミ，市民層の強い絆と，地道な運動が，定住外国人の国政参加を実現させる原動力となることを信じる。

▶参考文献

〔1〕　『読売新聞』1998年6月26日，他主要新聞
〔2〕　『朝日新聞』1998年7月10日
〔3〕　『朝日新聞』1998年10月18日
〔4〕　『朝日新聞』1998年10月10日
〔5〕　岡崎勝彦「定住外国人に地方参政権を」『法学セミナー』第482号，1995年2月
〔6〕　青柳幸一・山越由理「定住外国人の参政権：選挙権と被選挙権」『横浜国際経済法学』第4巻第1号
〔7〕　江橋崇「外国人市民の地方参政権」日弁連編『定住化時代の外国人の人権』明石書店，1997年
〔8〕　徐龍達「「共生社会」のための地方参政権」徐龍達編『共生社会への地方参政

権』日本評論社，1995年
〔9〕 浦部法穂「日本国憲法と外国人の参政権」徐龍達編前掲書
〔10〕 徐龍達「憲法と国際人権」『国際人権』第1号
〔11〕 鄭雅英「挑戦！ 議会から多民族主義」のなかの李の発言，ほるもん文化3
　　『在日朝鮮人が選挙に行く日』新幹社，1992年
〔12〕 近藤敦『外国人の参政権』明石書店，1996年
〔13〕 金昌宣「在日朝鮮人「参政権」要求の検討」『世界』1994年10月号
〔14〕 坂本龍彦『シベリヤ虜囚半世紀・民間人蜂谷弥三郎の記録』恒文社，1998年
〔15〕 中島多鶴・NHK取材班編『忘れられた女たち』日本放送出版協会，1990年
〔16〕 浦部法穂『新版憲法学教室』日本評論社，1994年
〔17〕 金東勲『外国人住民の参政権』明石書店，1994年
〔18〕 徐龍達「地方自治体と外国人の諸問題」都市問題特集『外国人の市政参加』第
　　83巻6号，1998年
〔19〕 日本地方自治研究学会「地方自治体と外国人の諸問題」『地方自治の先端理論』
　　勁草書房，1997年
〔20〕 田中宏『在日外国人〔新版〕』〈岩波新書〉，1995年
〔21〕 田中宏『外国人の地方参政権』五月書房，1996年
〔22〕 李英和『在日韓国・朝鮮人と参政権』明石書店，1993年
〔23〕 牛塚和彰『外国人と法』有斐閣，1995年
〔24〕 近藤敦『外国人参政権と国籍』明石書店，1996年
〔25〕 近藤敦『ヨーロッパにおける外国人の地方参政権』明石書店，1997年
〔26〕 土居靖美「外国人の地方参政権についての考察」榎原猛先生記念論集『現代国
　　家の制度と人権』法律文化社，1997年
〔27〕 定住外国人の地方参政権をめざす市民の会『定住外国人の地方参政権』〈かも
　　がわブックレット〉
〔28〕 駒井洋編『定住する外国人』明石書店，1995年
〔29〕 駒井洋編『新来・定住外国人がわかる事典』明石書店，1997年
〔30〕 仲原良二『在日韓国・朝鮮人の就職差別と国籍条項』明石書店，1993年
〔31〕 福岡安則『在日韓国・朝鮮人』〈中公新書〉1993年
〔32〕 弦念凡呈『日本人になりたい』祥伝社，1993年
〔33〕 吉岡増雄『在日外国人と社会保障』社会評論社，1995年

第3章　障害のある人と参政権
　　　——投票権と選挙運動を中心に——

1　はじめに

　近代民主政治における参政権，特に選挙はきわめて重要な意味を持つ。選挙で選ばれた代表が議会を構成し政治を行うからである。その役割は，①国民の間に多様化している意見・利益を代表する，②これら多様化している意見を統合する，③選挙で選ばれたということで当選した人に権威と正統性を与える，④選挙は個々の市民に対し一人格として価値と威厳を確認させる，⑤選挙への参加は投票者に自信と自負心をいだかせるのに役立つ，⑥投票を通じて，あるいは投票をしないことを通じて，有権者は政治社会への帰属感，あるいは非帰属感を満足させるのである（[1]）。
　そのためには多数の有権者が投票に参加することが必要である。
　しかし，1999年4月第14回統一地方選挙が施行されたが，相変わらず低投票率であった。地方選挙に限らず，国政選挙でも低投票率が続いている。その原因はいろいろ考えられるが，その主要な1つは，選挙運動における政治言論の低調であり，その原因は言論の政治の過度な制約の制度であると言えよう。これは選挙における選挙民の知る権利と知らせる権利の徹底的な抑制の制度として見ることができる。
　戸別訪問一律全面禁止を軸とする言論選挙運動の包括的禁止・限定的解除の制限体制は，日本国憲法下で依然として維持されており，選挙を国民世論に結びつけるアクセスの道は狭く制約されている（[2]）。
　また投票は選挙権行使の唯一の形式である。法律によって選挙権を認められ

ても事実上投票することができなければ，それは有名無実に等しい。したがって，選挙権の保障は，投票の機会を保障することを意味している。しかるに憲法47条は，「投票の方法」を法律の定めに委ねているから，立法者は有権者が等しく投票することができるように「投票の方法」を定めている。しかしその方法は有権者自身が投票所に行き，自分自身が自書することを原則としている（公職選挙法，以下公選法と略す第44条，46条）。

しかしその原則のため，今回の統一選挙でも，選挙権があり，投票の意思もあるのに，自分で文字が書けない難病ALSのため投票できない大阪市西淀川区に住む人が新聞で紹介されていた。それは次のような内容であった。

ワープロ入力による投票が認められないので在宅では投票できない。代筆が認められる投票所に行くには，ベッドから車イスへの移動などの準備で1時間半かかり，投票所の学校は段差も多く，投票所に行くことが実現する道は遠い（〔3〕）。

思うにわが国選挙法は形式的な「公平」「平等」を重視するあまり，実質的な「公平」「平等」を軽視するという欠点が存在する。政治の民主化のため選挙を重視するとすれば，実質的な「公平」「平等」の立場に立脚しなければならない。特に，「健常者」に比べハンディを持つ障害のある人々に，「健常者」と同じように接することが，「公平」「平等」であると考える行政の立場には問題が存する。

高齢化が急速に進むわが国では，高齢による中途の視聴覚障害や身体障害が増加している。高齢者，障害のある人の投票をめぐる条件整備は，重要な社会的課題である。障害のある人は，投票の際には，投票所にアクセスしにくいこと，点字投票や代理投票がやりにくいこと，選挙や候補者に関する情報不足等の障害があり，選挙活動にも制約が生じている（〔4〕）。

本章では，障害を持つ人々の代表的な政治参加である投票権と選挙運動の現状と問題点を提起し，その解決への拙論を提示したいと考える。

2 現　　状

(1) 投票に関する保障

障害を持つ人々が投票する際，点字投票，代理投票，郵送による在宅投票，施設における不在者投票の制度がある。

①点字投票
「視力障害者」は投票管理者に申し立てて点字投票ができる（公選法第47条）。

②代理投票
身体の故障（一時的なけがの場合も含むから「障害者」より広い）または非識字により，自らの氏名を記載できない場合は，投票管理者へ申請して代理投票ができる（公選法第48条）。

以上の方法のみでは，投票所に行くのに困難な障害を持つ人々のハンディキャップの実状にあわない。そこで，不在者投票として郵送による在宅投票と施設における投票が認められている。

③不在者投票

ⓐ郵送による在宅投票

身体に重度の障害がある人は，その現住する場所において投票用紙に記載し，郵送して投票することができる（公選法第49条2項）。しかし，対象者は，両下肢・体幹または内臓機能等に重度の障害を有するもの等，きびしい制約があり，手続きも煩雑である。

ⓑ施設における不在者投票

身体障害者更生援護施設，船舶，病院，特別養護老人ホーム等老人ホーム，国立保養所等においても，施設等の長の管理のもとに不在者投票を行うことができる（公選法第49条1項3号）。

このほか選挙の事務に実際従事する各地方自治体は，障害を持つ人々や高齢者の人々が投票しやすい環境を作るために努力をしている。筆者の住む大阪市阿倍野区の場合は図Ⅰ-3-1である。

図 I-3-1　大阪市阿倍野区の投票所の掲示

◆お知らせ

　障害をお持ちの選挙人の方が，不自由なく投票していただけるように，各投票所に車椅子・車椅子用の記載台・点字器等を用意しています。また，段差解消のために可能な限りスロープを設置しています。各投票所における障害者の方への支援の状況は，次表のとおりです。

投票区	施設名	投票所建物	スロープの有無	車椅子の有無	点字器の備付け	備考
高松北	高松小学校	講堂兼体育館1階	○	○	○	★車椅子の方は，南側通用門からお入り下さい
高松南	大阪女子高等学校東校舎	教室　　　　1階	○	○	○	
常盤東	文の里中学校	講堂兼体育館1階	○	○	○	
常盤西	常盤小学校	講堂兼体育館1階	○	○	○	
金塚	金塚小学校	講堂兼体育館1階	○	○	○	
文の里	明浄学院高等学校	多目的ホール2階	※	○	○	※職員が介助します
王子北	王子福祉会館	集会室　　　1階	※	○	○	※職員が介助します
王子南	苗代小学校	講堂兼体育館1階	○	○	○	★車椅子の方は，西門からお入り下さい
丸山	丸山小学校	講堂兼体育館1階	○	○	○	
長池北	阿倍野中学校	会議室　　　1階	○	○	○	
長池南	長池小学校	講堂　　　　1階	○	○	○	
阿倍野北	阿倍野小学校	講堂兼体育館1階	○	○	○	★車椅子の方は，正門からお入り下さい
阿倍野南	むつみ幼稚園	遊戯室　　　1階	○	○	○	
晴明丘北	晴明丘小学校	講堂兼体育館1階	○	○	○	
晴明丘南	阪南中学校	講堂兼体育館1階	○	○	○	
阪南北	阪南小学校	講堂兼体育館1階	○	○	○	★車椅子の方は，西門からお入り下さい
阪南南	阿倍野図書館	閲覧室　　　2階	※	○	○	※職員が介助します

◎介助が必要な方は，お気軽に投票所でお申し出ください。職員が介助します。
◎手話通訳が必要な方は，あらかじめ区選挙管理委員会へFAX（6621—1412）等によりお申し出ください。
　その際には，住所，氏名，連絡先，希望される投票時間をお知らせください。
☆統一地方選挙についてのお問い合わせは，区選挙管理委員会 TEL（6621—1421）まで

（出所）「大阪市阿倍野区だより」より。

(2) 選挙における情報保障

障害を持つ人が投票するに際して，候補者，政策等について十分な情報が提供されなければならない。また候補者，運動員あるいは選挙民として，情報と自らの考えが伝えられなければならない。障害にみあった適切な手段による両方向の情報の保障＝コミュニケーションの保障が選挙権行使の前提となる。

① 点字選挙公報，同朗読テープの貸出

選挙公報は，衆参議員，都道府県知事については発行が義務づけられ（公選法第167条）ており，都道府県議会議員，市議会議員選挙および首長選挙については法的義務はないが，公報が発行されている。一部町村では発行されていない所もある。しかし，点字，あるいは朗読テープによる公報の発行は法的義務はなく，一部自治体が民間団体の協力によって知事選を中心に行われているにすぎない。

② 立会演説会の手話者の配置

1948年から国政選挙と知事選で立会演説会が義務づけられ，各自治体は手話通訳者の配置をしたが，83年11月の改正で立会演説会が廃止され，ろうあ者の知る権利がいちじるしく狭められた。

③ 政見放送

政見放送に手話通訳，字幕テロップが導入されていない。自治体によっては，政見放送のビデオを貸し出し，手話通訳をつける等の便宜を与えているにすぎない。自治省は手話通訳に統一形式がなく，バラつきによる不公平を理由としたが，89年に手話通訳士の資格認定制度ができ，手話通訳拒否の理由がなくなった。

④ ポスター作成，掲示等

障害を持つ人々のことが一切考慮されていない（〔5〕）。

(3) 被選挙権の行使と議員活動

1999年4月の統一地方選挙に約15人の障害を持つ人々が立候補した。新潟県長岡市議選では全盲の藤田芳雄がトップ当選し，盲導犬を連れて議場に入る姿が報道されたし，大阪府豊中市では車イスの入部香代子が三選をはたした

（〔6〕）。選挙運動については「健常者」とまったく同一の条件であるから，その困難は想像を絶すると考えられる。

3　障害のある人の投票をめぐる障害

障害のある人が実際選挙に参加しようとするとき，障害となる諸点を清原慶子の研究を中心に図式化すると，**表Ⅰ-3-1**になる。

4　外国の現状

障害を持つ人々の参政権保障については，日本の公選法のように選挙活動について厳しい規制をしている国は少なく，先進国にはない。

また先進国では障害を持つ人に対して福祉施策あるいは交通手段の保障，街づくり等においていろいろサービスがあり，ハンディキャップをカバーしているのであり，そのような国では，特に選挙活動に対する支援，援助があるわけではないが，選挙活動を行うのに実質的な障害がないような状態が存在している。

例えばスウェーデンは郵便局での投票，高齢者，障害のある人の代理投票が日本のような面倒な手続きなしに行われている。テマ，ヒマ，カネがかかっても「手続の論理」「参加の論理」を大切にし，「効率の論理」を背景とした「排除の論理」こそ社会を閉鎖してしまう第一歩になると考えるからである。一方の手で権利を与えておきながら，もう一方の手でその権利を実質的に剥奪するなどということはあってはならないという思想である。

権利を（上から）与え，権利行使の実質的条件の整備には冷淡な一方通行型慈悲社会に住む市民には，過保護とかやり過ぎという印象を与えるかもしれないが，開くことによってデモクラシーの活力を強化しようとする「開かれた社会」にとっては，ごく自然な論理的帰結である。切手を買う気軽さで選挙に参加するこの発想は新鮮であり，自国のデモクラシーに対する大きな自信が伝わってくる（〔7〕）。

表Ⅰ-3-1　障害種別の投票に際しての障害

(1)視覚障害の場合

①投票所へのアクセスの障害	②投票方法に関する障害	③候補者や政策についての情報に関する障害
・投票所にたどり着くのが困難。 ・投票入場券が点字や拡大文字ではない事が多く、判別できなかったり、内容が読めない。	・点字投票の際、点字の候補者名簿が用意されていないところがある。 ・投票所の照明が暗く、弱視の人にとって困ることがある。 ・衆議院や参議院の比例区では、投票用紙に政党や候補者名が記載されており、その上に〇印を付けて投票することになったが、点字投票の場合は、政党名や候補者名を書かなければならず、投票しにくい。 ・関連して、衆議院選挙の際に行われる最高裁判所裁判官国民審査の際も、点字の場合は信任しない裁判官の名前をフルネームで記入しなければならず、容易ではない。 ・点字投票の場合使いやすい点字板や点字器の用意がなされていないところがあるし、あっても使いにくいものがある。 ・点字の在宅投票制度が認められていない。	・選挙に関する情報が得にくい。（候補者名、選挙公報、複数選挙時や不在者投票等の選挙方法の説明等） ・正式な「点字の選挙公報」（選挙管理委員会の責任による）が発行されていない。 ・点字の選挙公報は義務ではなく、国政選挙以外は発行されないことが多い。地域によっては発行されないところがある。 ・選挙期間の短縮により、発行しているところでも点字化が困難になっている。 ・政見放送は聞けるが、点字の番組表がないのでアクセスしにくい。 ・法定ビラなどは点字化されていない。 ・選挙に関する朗読テープや点字の宣伝物がない。 ・ガイドヘルパーを利用する視覚障害者は、プライバシー等の問題で個人演説会には参加しにくい。

(2)聴覚・言語障害の場合

①投票所へのアクセスの障害	②投票方法に関する障害	③候補者や政策についての情報に関する障害
・投票所受付での説明や質問に対応することができない場合が多い。	・1枚の投票所の入場券で、衆議院選挙では小選挙区比例代表並立制であるから2回と国民審査で最低3回は投票することが必要であり、参議院選挙でも地方区と比例区の2回投票することになるが、そのことについて不案内の障害者は少なくなく、知らずに1度しか投票しないなどの場合もある。 ・不在者投票等の選挙方法の説明等が十分理解されない場合がある。	・手話通訳付きの立ち会い演説会の廃止により、候補者と直接出会う形での選挙の情報が入らない。 ・街頭演説や個人演説会に手話通訳・字幕がほとんどつかない。 ・テレビの政見放送も参議院比例区と衆議院の政党持ち込みビデオにしか手話通訳が認められていないし、政党の任意であり、不十分である。 ・地方選挙では選挙公報が発行されていない地域がある。 ・ファックスは公職選挙法で文書違反とされるため、ファックスでの選挙情報の取得ができない。

第3章　障害のある人と参政権　45

(3)肢体不自由の場合

①投票所へのアクセスの障害	②投票方法に関する障害	③候補者や政策についての情報に関する障害
・肢体不自由の場合，1人ではなかなか行動できない場合が多く，単独での投票所への移動が困難である。 ・投票所の出入りに際して，段差があったり，2階建ての投票所の場合にエレベーター等が設置されていないと入場に困難な場合がある。	・緊張すると手足のコントロールが十分にできないことがあるため，小さな投票用紙に記入するのは容易ではない。 ・記載台がぐらぐらするなど，きちんと固定化されないと記載しにくい。 ・1996年より，衆議院選挙においては，小選挙区比例代表並立制の導入がなされ，政党や候補者名の上に○印を記入する方法が開始された。このことは，文字を記入するのが困難な肢体不自由者にとって有用な方向での改正ではあるが，小さな枠に○印を記入することはやはり容易ではないとする人も少なくない。 ・郵便による不在者投票を申請する際，投票する際の郵便料金は障害者の自己負担となっている。 ・パソコン等が普及し，パソコンでの記載のほうが自筆より容易であるなど，支援の可能性が増しているものの，選挙では，こうした機器の使用はまだ認められていない。	・街頭演説会や個人演説会に参加する際に介助者が必要な場合がある。 ・公職選挙法で認められていないため，移動を代替するファックスやパソコン等による情報利用ができない。

(4)精神薄弱の場合

①投票所へのアクセスの障害	②投票方法に関する障害	③候補者や政策についての情報に関する障害
施設内で投票するため，利便で問題はあまりない。	選挙について理解できない人や文字を認識できない人もおり，初歩から指導し，学習する必要がある。	自分で情報の選択ができない人が多いため，指導員に頼ったり，時には施設の応援する候補者を勧められる。選管職員の立会必要。

（出所）　(1)(2)(3)は『選挙研究』No.14，79，80の清原慶子の調査。
（資料）　(4)は「愛護」237号，『朝日新聞』1999年9月2日。

　アメリカ合衆国では，1984年に，高齢者やハンディキャップを持つ人々に投票権を保障するための法律が制定されている。"Voting Accessibility for the Elderly and Handicapped ACT"である。内容としては，連邦の選挙について，投票所や不在者投票登録のための施設へのアクセスをよくすることによっ

46　第Ⅰ部　わが国の選挙制度

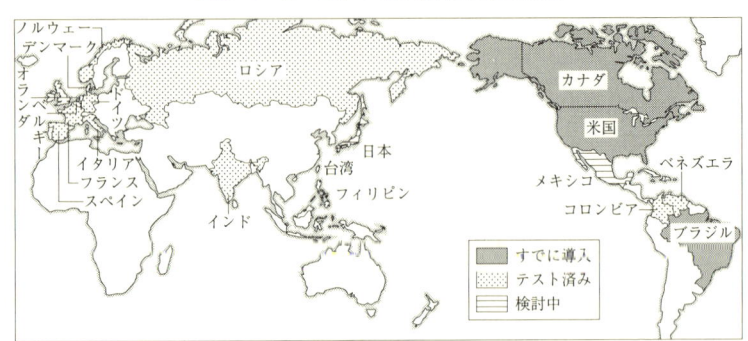

図Ⅰ-3-2　世界の電子投票制導入状況

(注)　政府広報センター調べ。1997年11月現在。
(出所)　『朝日新聞』1997年12月19日。

て，高齢者・障害者の基本的な投票の権利を保障しようというものである。障害のある人々のために，選挙に関する特別の法律を制定していることは注目せざるをえない。

　この法律の第3条において自治体（Political subdivision）は，連邦選挙のための投票所すべてが，高齢者や「障害者」にとって，アクセスできるように保障しなくてはならない。第5条では，各州は「障害者」や高齢者にとって有効な連邦選挙の登録や投票の援助をしなくてはならない，と定められている。この法律に基づいてカリフォルニア州では，①他の選挙区でも障害者は投票できる。②公報のカセットテープを地域の図書館等で利用できる。③重度の身障者は，恒久的不在者投票の身分が付与され，介護する人々も同じ身分が与えられる。

　また，アメリカのオレゴン州では，電気通信機器の利用もできる（〔4〕〔5〕）。

　図Ⅰ-3-2であきらかなように世界の傾向は電子投票制の導入にあり，世界で自書式は日本とフィリピンだけになっている。そのフィリピンも1998年からの電子化をめざして，97年からマークシート方式による記号投票を一部実施している。

　オレゴン州では選挙の投票をすべて郵送で行う提案が住民投票で賛成多数で

可決，投票所や投票箱は同州から姿を消すことになった。有権者は20日間の投票期間内に自宅で候補者を選び，封をしてポストに投げ込めばよいことになった。有権者は手書きで選挙人登録をし，選管は封筒の筆跡で本人確認をする仕組みだ（［8］）。

5 玉野事件

選挙において重要なことは，投票権とともに有権者がいかに自由に選挙活動に参加できるかということである。特に障害を持つ人々は「健常者」より考慮されなければならない。そのことについて玉野事件が注目される。

玉野事件とは，1980年6月22日に行われた衆参同時選挙をめぐって和歌山県御坊市で起きた，公選法違反事件である。被告玉野ふいは，衆院和歌山第2区の井上敦候補応援のため，後援会加入申し込み書等45枚を9軒に配布し，法定外の選挙運動文書配布により公選法（82年法律第81号により改正前の第142条，243条）に違反したと逮捕され，起訴された。

和歌山地裁御坊支部は，86年2月24日罰金1万5000円，公民権停止2年の有罪判決をくだした。一審段階では，他の公選法違反事件と同様に，争点の中心は，公選法第243条1項3号，第142条1項が，憲法21条1項の表現の自由の保障に違反するか否かということであり，被告人側の立証もこの点に力点がおかれていた。したがって，裁判所の判断も当然に，文書図画の頒布への規制と，表現の自由との関係を中心とし，最高裁の例にならない，選挙の公正と国会の裁量を理由に判決を下した。

この判決に対して被告側が大阪高裁に控訴した。二審段階にいたり新たな論点が加わり，玉野事件を他の公選法違反と違った特徴あるものとした。それは被告玉野の障害に光があてられたということであった。玉野は事件当時50歳である。小さいときからの血管腫と43歳の時の手術の失敗により，言語が不自由な状態である。障害の程度は，58年に受けた身体障害者手帳によれば，「下口唇，舌尖部の腫瘤による言語機能障碍」であり，4級の認定を受けている。65年の手術によりいっそう言語が不自由となり，医師の診断でも「言語機能にお

いても著しい障害を認め，言語による意思疎通は困難である」とされている。
　また病気と，障害，貧困のなかで小学校も卒業できず，文字はようやくひらがなが読める程度であり，書くこともほとんどできない。手話教育はもちろん受けていない。
　こうした言語（正確には発語）に障害を持ち，手話も使えず，文字による意思伝達も困難という何重ものコミュニケーション障害をもつ玉野にとって「年寄りや体の悪い人のために働いてくれる人」という候補者の話に感激したその思いを伝えるためには，ビラやチラシを見てもらうのが唯一の表現方法であり，選挙にそして政治に参加する手段であった。
　玉野事件は，このようにして，障害者が主権者として政治参加の権利を行使し，しかも自らの政治参加の権利を奪う選挙制度，公選法を裁くために法廷の場でたたかっているところに大きな意義がある。
　①国民一般の人権保障，参政権に加えて，障害者の人権が問われている。②人権保障の内容として，参政権しかも投票権ではなくて，選挙運動，選挙活動の自由が問われている。③さらに候補者や運動員といった選挙のプロでなく，一般市民の選挙活動である。
　しかし，大阪高裁は91年7月12日の判決で公選法の文書頒布制限規定の法令違憲とし，適用違憲の主張については過去の最高裁判例を引用して被告の訴えを一蹴した。右規定と言語障害者との関係については，言語障害者も個々の面接の際筆談によって投票依頼することは可能であり，また選挙運動は集団活動として行われるのが普通であって，言語障害者も健常者とともに行うことができるから，健常者の個々面接電話に相当する選挙運動の途がまったく閉ざされているものとは言えないとしている。そして，仮に言語障害者には右規定が適用されないとすると，言語障害者は無制限に文書を頒布できることとなり，かえって「健常者」との均衡を失することになるうえ，「健常者」が脱法的に言語障害者を利用する事態が考えられる。
　筆談による投票依頼というものが理念のうえで可能であっても，選挙の実態にまったくそぐわないことのほか，言語障害者は健常者とともに選挙活動を行えといわんばかりになっている。

この判決で評価される点は，①選挙運動に関し，言語障害者と「健常者」との間に実質的不平等が在する，②立法政策上，選挙運動について健常者と言語障害者との間に存在する事実上の不均等を健常者以上の文書頒布を許すことによって埋め合わせることも十分検討に値する，としたことである。

②については，立法化の際には，

(イ) 言語障害者の判定基準や判定手続き（言語障害者の程度にもさまざまなものがある）

(ロ) 言語障害者と判定された者の現実の運動の場合における識別方法（身障者の駐車マークのような）

(ハ) 頒布の許される文書の種類，数量の限定

(ニ) 頒布が許される文書であることの識別方法

(ホ) 頒布の態様の限定など

の規定を設けることが必要不可欠と指摘している。

裁判所が選挙運動に関し実質的不平等の存在を認めたことは，従来にはなく言語障害者の選挙活動参加にとって大きな前進であり，具体的項目を示しての立法化提案は大きな指針である（〔9〕〔10〕〔11〕〔12〕〔13〕）。

玉野は右判決を不服として最高裁に上告したが，93年8月16日死亡したため，公訴棄却となった。

筆者の考えでは，最高裁においても最高裁の判例の傾向として，逆転無罪判決はむずかしいと考えるが，「障害」の持つ人の政治参加について，初めての見解が示されることが期待されたゆえに残念である。

6　むすびにかえて

1999年9月の総務庁の調査結果発表では65歳以上の高齢者の推計人口は2110万人となり，総人口に占める割合は16.7%で，6人に1人が高齢者となった。

また，寝たきり，痴呆症，虚弱高齢者の将来推計は図Ⅰ-3-3に示されるように，2000年には，虚弱高齢者130万人，要介護の痴呆性高齢者20万人，寝たきり高齢者120万人という調査結果が出ている。

図 I-3-3 寝たきり・痴呆症・虚弱高齢者の将来推計

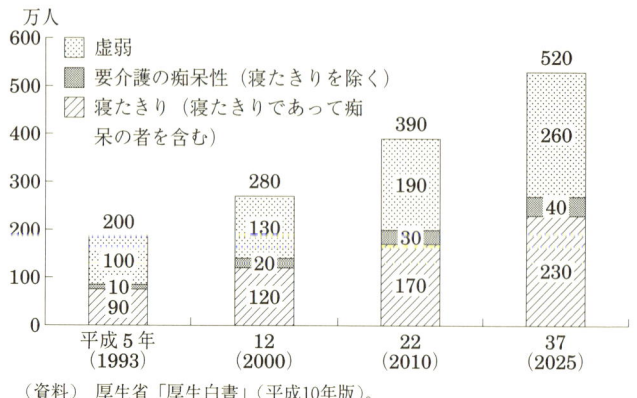

	平成5年(1993)	12(2000)	22(2010)	37(2025)
虚弱	100	130	190	260
要介護の痴呆性（寝たきりを除く）	10	20	30	40
寝たきり（寝たきりであって痴呆の者を含む）	90	120	170	230
合計	200	280	390	520

（資料）厚生省「厚生白書」（平成10年版）。

したがって生まれつき障害のある人，事故・病気等，中途で障害を持つ人に加えて，高齢により障害を持つようになる人々が増加しつつあると言うことができる。

しかし行政（特に国）側は投票所への有権者の直接参加，有権者が自ら記入する自書主義の原則を変えることなく実施している。例えば，郵便による不在者投票をとりあげてみても表 I-3-2，図 I-3-4 に見られるように，きびしい適用，複雑な手続きである。

その背景には井上英二が主張するように，選挙権は与えられるものであり，政治への参加は国民の権利というより，国家への義務としてとらえられた。障害のある人も個人の尊厳が守られ，その結果権利としての選挙権を認めるというのではなく，「衆議院選挙法改正理由書」に見られるように，民主主義の理念に即し参政権を「平等」に「盲人」に拡大していくというのではなく，むしろ「同情」の念から救済された。

理由書の言う「本来選挙権ヲ有スルニ拘ラス単ニ盲目ト云エル身体的不能ノ為ニ之ヲ行使スル能ハサル者ハ頗ル同情スヘキモノニシテ適当ノ方法ヲ講シ之ヲ救済スル必要アリ」とする考えが，行政（特に国側）に存在するためではないだろうか〔5〕。

筆者は障害のある人と「健常者」との関係について次のように考える。図 I

第3章 障害のある人と参政権

表 I-3-2　郵便による不在者投票の対象者（令第59条の2）

障害の種類	身体障害者	戦傷病者
① 両下肢若しくは体幹の障害若しくは移動機能の障害	（身体障害者手帳の記載が）1級，2級の方	（戦傷病者手帳の記載が）特別項症から第2項症までの方
② 心臓，じん臓，呼吸器，ぼうこう若しくは直腸若しくは小腸の障害	（身体障害者手帳の記載が）1級，3級の方	（戦傷病者手帳の記載が）特別項症から第3項症までの方

（出所）　枚方市選管資料。

図 I-3-4　郵便による不在者投票手続きの概略

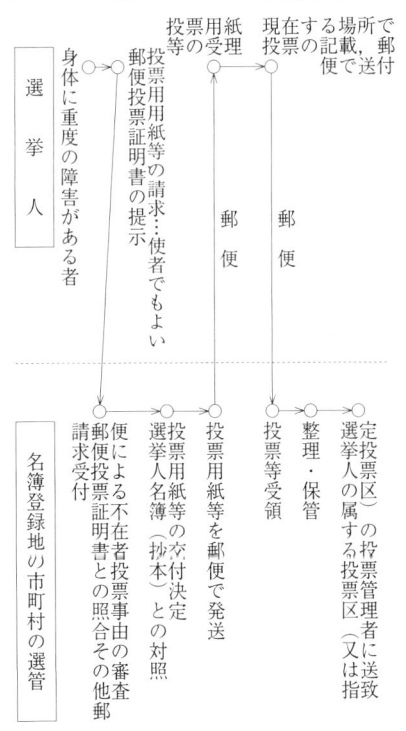

【選挙人（身体に重度の障害がある者）】
→ 郵便投票証明書の請求…使者でもよい
→ 投票用紙等の請求：郵便投票証明書の提示
→ 投票用紙等の受理
→ 現在する場所で投票の記載，郵便で送付

【名簿登録地の市町村の選管】
→ 郵便投票証明書請求受付
→ 郵便による不在者投票事由の審査：郵便投票証明書との照合その他郵便による投票用紙等の交付決定：選挙人名簿（抄本）との対照
→ 投票用紙等を郵便で発送
→ 投票等受領
→ 整理・保管
→ 指定投票区（選挙人の属する投票管理区）の投票管理者に送致（又は指送）

（出所）　枚方市選管資料。

図Ⅰ-3-5 障害のある人―健常者の関係の2つのイメージ

①形式的平等　　　　　　　②実質的平等

	対策優遇		ハンディ		対策優遇	
障害のある人 / 健常者	障害のある人	健常者	障害のある人	健常者	障害のある人	健常者

-3-5①のように形式的平等の立場に立てば，障害のある人々に対策を講じることは障害のある人々を優遇するように見られる。それに対して障害のある人々は「健常者」と比べてスタートからハンディを背負っているという図Ⅰ-3-5②のような立場に立てば，障害のある人々にいろいろな対策を取ることによって実質的平等が実現される。

「4 外国の現状」で述べたように，世界は自書主義，現場主義から電子投票制度へと移りつつある。わが国も近い将来その制度の採用を真剣に考えなければならないと思うが，筆者は現状の制度を表Ⅰ-3-3のように早急に改善する必要があると考える。

有権者が投票する候補者を決定する媒体としては，選挙公報，テレビ政見放送が中心であるので，これらについては特に障害のある人がアクセスできる条件が必要である。

今日まで障害のある人の参政権問題は，形式的な「公平」「公正」の範囲内で「恩恵的」に選挙権の行使を認めようとする政府に対し，「完全参加と平等」を求める人々の力強い運動によって拡大されてきた。

玉野事件に見られるように，恩恵を与えられる対象として受け身のそして消極的な存在ではなく，参政権の主体者として能動的に他者に働きかける選挙活動の自由を求めて，公選法の壁を突き破ろうとしているのである。

＊ 清原はわが国に電子投票制度を採用する場合次のような点を考えねばならないと主張する（章末の参考文献〔4〕，86ページ）。①自書の原則検討，②すぐに電子投票制ではなくマークシート式を含め記号式投票について議論した上，③本人確認，安全制，信頼性を高める技術，④投票の秘密保持，⑤システムダウン，ハッカー対策，⑥記録保存。

表 I-3-3　障害のある人に対するわが国選挙制度の改正点

障害の種類	改　正　点
視　覚　障　害	①投票入場券の点字化 ②すべての選挙の点字選挙公報発行 ③公報の内容のテープ作成・貸出し ④点字の不在者投票を認める
聴覚・言語障害	①国政，知事選挙の政見放送の手話通訳を義務化 ②個人演説会，街頭演説にも手話通訳をつけるよう指導 ③ファックスでの選挙運動を認める
肢　体　不　自　由	①自筆でない（例えばワープロ使用）不在者投票を認める ②郵便投票制の拡大
精　神　薄　弱	①候補者を○×で記す方法を考える ②施設での投票には選管職員の立会義務化

　障害者問題はすぐれて民主主義的な課題であると言われ，また政治参加は「民主主義にとってもっとも重要な要求」とされる。この意味で，障害者の政治参加の実情は，その国の国民全体の民主主義のレヴェルをはかる格好の尺度であり，さらに実質的な自由と平等が，「障害を持つ人々」をふくめたすべての市民に保障されているかという角度から，現行の公選法の規定・運用の仕方をあらためて検討することは，単に障害者という範囲にとどまらずわが国の民主主義発展のための重要課題である。

▶参考文献
〔1〕　横越英一『政治学副読本』文眞堂，1997年
〔2〕　杣正夫「候補者へのアクセス権」『ジュリスト総合特集第38号選挙』1985年
〔3〕　『朝日新聞』1999年4月11日
〔4〕　清原慶子「高齢化社会における高齢者・障害者の投票をめぐるアクセシビリティ」『選挙研究』第14号，1999年
〔5〕　井上英夫編著『障害をもつ人々と参政権』法律文化社，1994年
〔6〕　『朝日新聞』1999年5月15日
〔7〕　岡沢憲芙「政治を開く」『時の法令』第1283号
〔8〕　『朝日新聞』1998年11月7日

〔9〕 井上英夫「障害者の参政権保障と玉野事件」『法律時報』第60巻第12号，1988年11月号
〔10〕 井上英夫「障害をもつ人々と参政権保障」『金沢法学』第34巻第2号，1991年
〔11〕 井上英夫「障害者の参政権保障の歴史と現代」『早稲田法学』第64巻第4号，1989年
〔12〕 畑中正好「玉野事件の経過と課題」『障害者問題研究』第62号，1990年
〔13〕 井上直行「障害者と政治参加――玉野事件大阪高裁判決」『医療・福祉研究』第4号，1991年

第4章　1票の格差（議員定数不均衡）

1　はじめに

　日本国憲法は前文において「日本国民は，正当に選挙された国会における代表者を通じて行動し……」と規定している。

　しかし2000年（平成12）6月の衆院選挙において神奈川7区と島根3区との人口格差は2.487であり（表Ⅰ-4-1参照），同年8月の自治省発表では衆院全300の小選挙区のうち，1票の格差が2倍を超える選挙区が全体の約3割にあたる89区に達していることが明らかになった。これをもとに衆院区画審議会の見直し規定に従って定数配分したところ表Ⅰ-4-2の通り10道府県で「5増5減」の定数是正が必要である。

　区画審議会設置法は，衆院小選挙区の1票の格差について「最大2倍を超えないことが基本」と明記している。しかし前述のように89選挙区で2倍を超え，格差の拡大に拍車がかかった。

　区画審議会設置法は小選挙区の定数

表Ⅰ-4-1　衆院小選挙区の1票の格差
（上位20）

順位		人口（人）	格差（倍）
1	神奈川7区	592,937	2.487
2	神奈川4区	591,552	2.481
3	愛知10区	573,352	2.405
4	愛知6区	572,524	2.401
5	兵庫6区	558,472	2.342
6	東京22区	556,148	2.332
7	千葉9区	555,683	2.33
8	埼玉13区	555,446	2.329
9	埼玉1区	546,738	2.293
10	千葉4区	544,910	2.285
11	福島1区	543,943	2.281
12	北海道5区	543,487	2.279
13	滋賀2区	542,248	2.274
14	長野1区	537,987	2.256
15	神奈川15区	536,950	2.252
16	京都6区	533,369	2.237
17	大阪14区	533,030	2.235
18	愛知12区	533,013	2.235
19	兵庫4区	532,771	2.234
20	埼玉5区	531,312	2.228

（注）格差はもっとも人口が少ない島根3区（238,448人）との比較
（出所）『日本経済新聞』2000年8月4日。

表Ⅰ-4-2 定数是正が必要な10道府県
（カッコ内は現行定数）

1増	1減
埼　玉（14）	北海道（13）
千　葉（12）	山　形（ 4）
神奈川（17）	大　阪（19）
滋　賀（ 3）	島　根（ 3）
沖　縄（ 3）	大　分（ 4）

（出所）『日本経済新聞』2000年8月4日。

配分などについて各都道府県にまず1議席を均等に割り当て，そのうえで残りの定数を人口に応じて配分し，都道府県別の選挙区数，線引きを決定すると規定している。この方式のため人口の少ない県に手厚く議席が配分される結果となった。

人口が多いのに小選挙区の定数が少ないという「逆転現象」の存在も定数是正の必要性を増している。例えば定数12の千葉の人口は定数13の北海道より多く，定数3の滋賀と沖縄の人口は定数4の大分や山形よりも多い。2000年の国勢調査の結果後の見直しがせまられる。

2　1票の格差をめぐる主な最高裁判決

(1) 衆議院

①昭和51年判決

選挙権の平等は，単に選挙人資格に対する制限の撤廃による選挙権の拡大を要求するにとどまらず，さらに進んで，選挙権の内容の平等，換言すれば，各選挙人の投票の価値，すなわち各投票が選挙の結果に及ぼす影響力においても平等であることを要求せざるをえないものであり，そのことは「憲法の要求するところである」。

選挙権の平等を単に各種制限の撤廃による「普通選挙」の実現にとどまらず，選挙権の内容の平等＝投票価値の平等を要求しているととらえる最高裁判決はその根拠を次のように展開する。

ⓐ「選挙権は，国民の国政への参加の機会を保障する基本的権利として，議会制民主主義の根幹をなすものであり」，「基本的な政治的権利」であるとする，選挙権それ自体の民主主義からの把握を基本に据えた。

その上で，ⓑ「およそ選挙における投票という国民の国政参加の最も基本的な場合においては，国民は原則として完全な同等視されるべく，各自の身体的，

第4章　1票の格差　57

図Ⅰ-4-1　1票の格差の推移

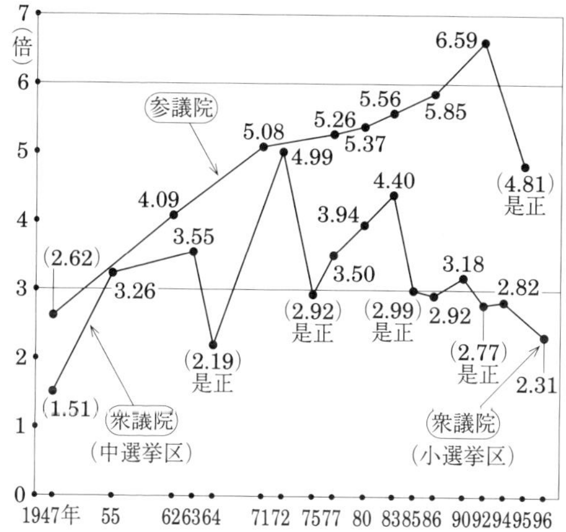

```
7 (倍)
6                                          6.59
5            4.09      5.08  5.26  5.56  5.85
        3.55      4.99      5.37
4  2.62  3.26             3.94      4.40      (4.81)是正
3            (2.19)  (2.92) 3.50 (2.99) 2.92  3.18  2.82
2  1.51   是正   是正  (2.77)是正      2.31
1
0
1947年 55  62 63 64  71 72  75 77  80  83 85 86  90 92 94 95 96
```

参議院　衆議院（中選挙区）　衆議院（小選挙区）

（注）　数字は選挙施行時の「1票の格差」。（　）は発足時と定数是正直後の格差。
（資料）『中日新聞』1998年5月31日など。

精神的又は社会的条件に基づく属性の相違はすべて捨象されるべきであるとする理念」に基づく「平等原理の徹底した適用としての選挙権の平等」と把握する。そして「憲法14条1項に定める法の下の平等は，選挙権に関しては，国民はすべて政治的価値において，平等であるべきとする徹底した平等化を志向するものである」と法の下の平等原則の適用において「合理性」を基準とする，他の諸領域との差異を指摘していた。

ⓒところが他方で，判決は，憲法は選挙に関する事項は法律で定めるべきものとし，「各選挙制度の仕組みの具体的決定を原則として国会の裁量にゆだねて」おり，「投票価値は，選挙制度の仕組みと密接に関連し，その仕組みのいかんにより，結果的に……投票の影響力に何程かの差異を生ずることがあるのを免れないから」，「投票の価値の平等は……数字的に完全に同一であることまでも要求するもの」ではないとした。さらに判決は「各選挙区の選挙人数又は人口数……と配分議員定数との比率の平等が最も重要かつ基本的な基準とされるべきことは当然であるとしても，それ以外にも，実際上考慮され，かつ考慮

されてしかるべき要素は, 少なくない」として, 非常に広範な非人口的要素を認めていた。

しかし, 本判決では, 本件議員定数規定は, 本件選挙当時, 憲法の選挙権の平等の要求に違反し, 違憲と断ぜられるべきものであったと言うべきであり, 右配分規定は, 単に憲法に違反する不平等を招来している部分のみでなく, 全体として違憲の瑕疵を帯びるものと解すると判決した（〔1〕）。

しかし, 選挙を無効とする判決をしても, これによってただちに違憲状態が是正されるわけでなく, かえって憲法の所期するところに必ずしも適合しえない結果を生ずるとして選挙無効の訴えは棄却した（その当時の格差は 1 : 4.99 であった）（〔2〕）。

②昭和58年判決

1975年（昭和50）の法改正により最大格差が 1 : 2.92 に縮小したが, 1980年（昭和55）6 月の選挙当時には, 最大格差が 1 : 3.94 になっていたことにつき, 右改正により違憲状態は解消したが右選挙当時は違憲状態にあった。

③昭和60年判決

昭和58年判決後格差がさらに拡大し, 1 : 4.40 となったことにつき, 昭和58年判決の右判断を確認した上, 右選挙当時も違憲状態にあったとした。

④昭和63年判決

1986年（昭和61）の法改正により最大格差が, 1 : 2.99 に縮小し, 同年 7 月の選挙当時の最大格差が 1 : 2.92 であったことにつき, 右選挙当時に違憲状態にあったとは言えないとした。

⑤平成 5 年判決

昭和63年判決後格差がさらに拡大し, 1990年（平成 2 ）2 月の選挙当時の最大格差が 1 : 3.18 になったことにつき1986年（昭和61）の法改正により違憲状態は解消したが, 右選挙当時には違憲状態にあったとした。

以上のように最高裁判例は合憲性の判断の基準として最大格差の具体的な限界的数値を示していないが, これらの判断を通観すれば, 1 : 3 を合憲とされる限界の目安にしているとみられる（〔3〕）。

(2) 参議院

参議院定数訴訟最高裁判例はいずれの判決も定数配分を合憲としており、いわゆる違憲状態と判断したことも1度もない。

① 昭和39年判決　最大格差4.09倍
② 昭和41年判決　最大格差4.09倍
③ 昭和49年判決　最大格差5.08倍
④ 昭和58年判決　最大格差5.26倍
⑤ 昭和61年判決　最大格差5.37倍
⑥ 昭和62年判決　最大格差5.56倍
⑦ 昭和63年判決　最大格差5.85倍
⑧ 平成8年判決　最大格差6.59倍

1：6.59にまで達した投票価値の不平等は、選挙制度の仕組み、是正の技術的限界、比例代表選出議員の選挙について、各選挙人の投票価値に何らの差異もないこと等を考慮しても、もはやこれを正当化すべき特別の理由も見出せない以上、本件選挙当時、違憲の問題が生ずる程度の著しい不平等状態が生じていたものと評価せざるをえないと判決したが、憲法に違反するにいたったものと断ずることはできないとした（〔4〕）。

3　1票の格差をめぐる学説

(1) できる限りの均等説

選挙権の平等について、憲法の要請するところは「議員定数と有権者との比率において、できる限り均等な選挙区を画定することと、各選挙区毎の投票の計算における平等」にとどまり、「一選挙区における有権者の投票が実質的に平等であることまで要求されず、また他の選挙区との比較における投票の計算上の平等は要請されない」と解する（野村敬造、清宮四郎、佐藤功）、今日では少数説である。

(2) 立法裁量限定説

有力学説が最高裁39年判決の批判を通じて「各選挙区間における投票価値の平等原則が，選挙の平等のもっとも重要な内容であり，憲法の法の下の平等が当然に要求する原則」と主張し，最高裁昭和51年判決に影響を与えた。

現在，学説上は，「すべての選挙人に1票が与えられるのみでなく，1票の価値——より正確にいえば，選挙の結果に影響を及ぼす可能性——が平等でなければならないとの原則が憲法の要求するところであることについては異論はない」（阿倍照哉，中村睦男）というのが大勢である。

しかし，その憲法上の根拠ないし，理由づけについて，次のように見解が分かれる。

①憲法14条1項の「法の下の平等」に主たる根拠をおくもの（橋本公亘）。

②15条1・3項，44条但書の選挙権の平等の特殊な意義を，14条の一般的平等原則と区別して重視するもの（高橋和之，野中俊彦）。

③前文，14条1項，15条1・3項，44条但書を根拠とする総合解釈を妥当とするもの（中村睦男，芦部信喜）。

④43条1項の「全国民の代表」条項に，命令委任禁止の消極的側面のほか「全国民の意向を忠実に反映」すべきだという積極的側面の規範的意味があるとみるもの（樋口陽一）。

⑤右立法裁量の限界ないし違憲判断の基準として，学説上，後述1：1原則，1：1.6ぐらいという説があるが，多数説も数的基準を採り，1：2を基準としているので，最高裁昭和51年判決の非人口的要素を配慮した抽象的基準より明確かつ厳格である。

「1票の重みが特別の合理的な根拠もなく選挙区間で2倍以上の偏差をもつことは，投票価値の平等（1人1票の原則）の本質を破壊することになる」ところに根拠があり，議員定数の配分に当たり人口比例主義に重点をおき，国会の裁量は1：2の限界内でのみ許容されると解するもの（高橋和之，奥原康弘，杉原泰雄）。

(3) 徹底的平等

　フランス流の人民主権原則に基づく「主権者市民平等説」および西ドイツの選挙権「形式的平等」原理の影響下の説に区別できよう。

①主権者市民平等説

　すなわち，選挙権を主権行使に参加するすべての市民の権利と解し，そのような主権者としての市民は同質性を持つから，形式的平等主義が原則となり，その保障のため人口比例主義が採用されたのであり，特定選挙区内の市民の主権者としての地位を減ずることは，非人口的要素としては人口の算術的端数処理のような「特別の正当化事由」がない限り許されない。したがって，憲法47条の選挙事項の決定は，立法府の自由裁量でありえない。また，選挙権の平等に投票価値の平等が含まれることは，権利説の論理的帰結であり，1:1が原則であり，たとい1:2以内であっても原則を超える限りこれを正当化する特別の事由が立証されない場合，権利侵害＝違憲問題が生ずる（辻村みよ子）。

②選挙権形式的平等説

　選挙の平等が問題になる場合には「一般的平等原則における「実質的平等」や「相対的平等」の原理は妥当せず，画一的平等，算術的平等を志向する「形式的平等」の原理が妥当する」。

　西ドイツの憲法裁判所判例や支配的学説が解するように「主権的意思形成」の領域においては，すべての国民は絶対的に平等に評価されねばならず，選挙の平等は，その徹底的な形式化を媒介としてのみ実質化されうること，選挙法の立法府への委任は，選挙原則の「具体化または補完することのみ」であり，選挙の平等の例外は「裁量の狭い限界」のなかでのみ認められ，「特別の正当化」事由が立証されねばならない。

　また，わが国は「多数選挙」を採用しているから，「比例選挙」における「結果価値」の平等までは要請されないが，「数的価値」の平等が要求される。またわが憲法47条は「選挙制度の選択」について明言せず，学説上は，当不当の問題は別として，違憲の問題は生じえないとしているが，憲法解釈上問題があり，理論的検討の必要性を否みえない（［5］）（長尾　紘）。

4　参議院議員の１票の格差についての学説

参院の１票の格差については，主に以下の７つの学説がある（〔7〕）。
①衆院と同様１:２までとする説
②２院制の趣旨を考慮して１:２を若干緩和しうるとする説
③参院選挙法制定当初の格差を考慮して１:３までとする説
④３年に１度定数の半数改選とする定数偶数配分という前提を認めた上で，衆院の場合の許容格差１:２の倍である１:４までとする説
⑤１:５以上は許されないとする説
⑥定数偶数配分という前提を認めた上で，判例が衆院について３倍を超える格差を違憲と判断してきたことに照らして，１:６までとする説
⑦２人区における最小人口を基準とした格差比較による不均衡については，憲法上ただちに違憲とすることはできないが，４人区以上の地方区について一定程度以上の不均衡が生じているならば憲法上問題となる（〔4〕）。

5　アメリカ下院議員の議席配分

アメリカでは憲法で，10年毎に，国勢調査の結果を待って定数の再配分と選挙区割りを行うべきことが定められている。アメリカの各州への議員定数の配分は1911年連邦統計局のジョゼフ・ヒルにより考え出された「均等比例（equal proportion）」方式と呼ばれるもので，その計算式は，$X=P/\sqrt{n(n-1)}$ で示される。ここでXは「優先価値（priority number）」と呼ばれるもので，Pは各州の人口，nは２以上の整数である。上記の式の $\sqrt{n(n-1)}$ に２，３，４……と順次整数を当てはめていくと，$\sqrt{n(n-1)}=\sqrt{2}$，$\sqrt{6}$，$\sqrt{12}$……となる。この数で各州の人口を割って得られた答えが優先価値である。

均等比例方式では，まず各州に１人ずつ定数を配分したあと，優先価値の大きい順に残りの定数を各州に割り振っていく。1941年の法律改正によって，以

表Ⅰ-4-3　アメリカ各州の連邦下院議員の定数

州	'82	'92	増減	州	'82	'92	増減
アラバマ	7	7		モンタナ	2	1	-1
アラスカ	1	1		ネブラスカ	3	3	
アリゾナ	5	6	+1	ネヴァダ	2	2	
アーカンソー	4	4		ニューハンプシャー	2	2	
カリフォーニア	45	52	+7	ニュージャージー	14	13	-1
コロラド	6	6		ニューメキシコ	3	3	
コネティカット	6	6		ニューヨーク	34	31	-3
デラウェア	1	1		北カロライナ	11	12	+1
フロリダ	19	23	+4	北ダコタ	1	1	
ジョージア	10	11	+1	オハイオ	21	19	-2
ハワイ	2	2		オクラホマ	6	6	
アイダホ	2	2		オレゴン	5	5	
イリノイ	22	20	-2	ペンシルヴェニア	23	21	-2
インディアナ	10	10		ロードアイランド	2	2	
アイオワ	6	5	-1	南カロライナー	6	6	
カンザス	5	4	-1	南ダコタ	1	1	
ケンタッキー	7	6	-1	テネシー	9	9	
ルイジアナ	8	7	-1	テキサス	27	30	+3
メイン	2	2		ユタ	3	3	
メアリランド	8	8		ヴァモント	1	1	
マサチューセッツ	11	10	-1	ヴァジニア	10	11	+1
ミシガン	18	16	-2	ワシントン	8	9	+1
ミネソタ	8	8		西ヴァジニア	4	3	-1
ミシシッピ	5	5		ウィスコンシン	9	9	
ミズーリ	9	9		ワイオミング	1	1	

（出所）　海部一男『アメリカの小選挙区制』。

後はこの均等比例方式のみが用いられることになった。

　実際1990年の国勢調査により表Ⅰ-4-3のように定数の再配分が前記の均等比例方式によって計算され実施された。

　1990年の国勢調査後はモンタナ州の定数が1人になったため，もっとも人口が大きいのは，このモンタナ州の全州1区の選挙区で，人口は80万3655人，もっとも人口の小さいのは，ワイオミング州の全州1区の選挙区で人口は45万5975人その人口比は1.76倍である。

定数配分は国勢調査の後ただちに一定の方式（均等比例方式）によって機械的に行われるため問題はないが，それを基にした選挙区割りの過程は，州議会での各党の力関係，州議会と知事との関係などで決定され，複雑である。しかしそこでも各選挙区の人口の均等に対するきびしさが要求される。

また州議会議員の選挙区割りに関しても司法審査の対象になるとの判断から「1人1票」の原則を適用した判例を示している（〔6〕）。

6　むすびにかえて

1票の格差については最高裁は衆議院議員についておおむね1:3を合憲・違憲のメドとし，学説では格差が2倍を超えることは価値の平等に反するという主張が有力である。

参議院議員については，参議院の特殊性や参議院「地方区」制度の独自性を強調して立法府の広範な裁量権を認めるという論法を最高裁がとっているが，選挙の平等とはすべての選挙民の1票が「選挙の結果に影響を及ぼす可能性の平等が保障される」という憲法的要請であると解すべきである。

憲法が個人の尊厳と平等，人民主義の根本原則に基づき「国民代表」の議員を選出し統制する議会制民主主義を採っているのだから，どのような選挙制度を選択するかは国会の立法裁量を認める。しかし，少なくとも衆院選挙法には憲法上の「基本的権利」としての選挙権の平等の保障を立法裁量の名において侵害することは許されず，厳格に1:1に近づけることが要請され，1:2となれば明白に違憲と解すべきであろう。なぜなら，それは「国民代表」を選出する市民が，ある選挙区では1票を持ち，他の選挙区では2票を持つことであり，とりもなおさず複数選挙制であって，平等原則の真っ向からの否定にほかならないからである（〔5〕）。

参院についても，アメリカの上院のようにまったく地域代表と考えるなら，全都道府県同数の定数とすべきであり，参院の特殊性を認めても現状の1:4.76の格差や逆転選挙区は議論外であろう。

幸いなことに衆院選挙区画審議会設置法では，選挙区の人口格差を2倍未満

とすることを基本とし，10年ごとの大規模国勢調査で選挙区の区割りを見直し，1年以内に首相に勧告することになっている。

本年（2000年）がその年に当たり，国勢調査の速報値が12月に公表されるのを受けて作業に取り組むことになっている。

1票の格差は憲法上の視点からだけでなく政治的見地からも議論が起こっている。経済同友会の夏季セミナーでは，衆参両院の選挙の「1票の格差」が問題となった（〔7〕）。小さな政府を実現するためには公共事業のばらまきをなくそうとしても，地方の声が過大に反映される現在の議員定数配分では，その主議は通らない。そのため「1票の格差」の是正が望まれる。また，現状は都市部の有権者の声が政治に反映されにくいが，民意の政治への反映のためにも1票の等価値への是正が急がれるし，そのことが日本の民主政治の基盤整備に不可欠と信じる。

▶参考文献

〔1〕 和田進「議員定数配分の不均衡」小嶋和司編『憲法の争点〔新版〕』有斐閣，1985年
〔2〕 山本浩三「議員定数不均衡と選挙の平等」芦部信喜・高橋和之編『憲法判例百選Ⅱ』有斐閣，1994年
〔3〕 『判例時報』第1538号，1995年10月11日
〔4〕 『判例時報』第1582号，1997年1月1日
〔5〕 深瀬忠一「選挙権と議員定数配分」ジュリスト『増刊憲法の争点』
〔6〕 海部一男『アメリカの小選挙区制』近代文芸社，1996年
〔7〕 『日本経済新聞』2000年9月8日

第5章 住民投票制

1 はじめに

　地方分権を実現するためには，権限と財源の地方への移譲や，緩やかな地方財政調整制度の実現をはかる必要がある。しかし，それだけでは不十分である。分権化の究極の目標は，もう1つの構成要素である住民自治を保障することにあり，住民参加のシステムとその実現によって初めて，真の分権化が実現することになる。

　そのためには直接請求制度と住民投票制度の確立が考えられるが，住民の日常生活に関連した問題をめぐって住民が条例制定を直接請求する運動が，各地で展開している。

　各地で行われる直接請求運動で近年特に注目されるのは，自治体の重要な施策や事業の実施などの是非について，住民の意向を認識するために住民投票を実施する条例の制定を請求するものが多く見られることである。

　これまで実施された住民投票は合併や町名変更などの賛否を自治体が問う意向調査的な色彩が強かった。しかし，最近では地域の重要施策決定に民意を直接反映させる「政策投票」を求める動きが相次いでいる。テーマも原発建設のほか地域開発，産業廃棄物処理，文化財保存など多岐にわたる。

　しかし，これまでの事例を見ると，条例制定の直接請求は，請求自体は成立しても，「住民投票は代議制民主主義を侵す」として議会で否決され，実際に住民が求める条例が制定されたことはきわめて少なく，そのことがこの制度の特徴になっている状況である。現行の直接請求制度が，住民の条例制定を請求する権利を認めているだけで，住民が請求した条例を制定するかどうかは，あ

くまで議会の意思に委ねているからである。

　折しも98年夏，原子力建設を問う全国初の住民投票と，県レベルでは初めての基地の整理と縮小・日米地位協定の見直しを問う投票が，新潟県巻町，沖縄県でそれぞれ行われた。

　巻町の場合は建設反対が賛成を大きく上回った。沖縄県の場合も，基地の整理縮小，日米地位協定の見直し賛成が多数を占めた。マスコミでは住民投票制を評価する報道が多かったが，識者のなかには住民投票制の過大評価を疑問視する意見もあった（〔1〕〔2〕）。

　住民投票については従来から，法解釈学と政治学・行政学で評価が異なり，法解釈学内でも議論のあるテーマである。本章においては，住民投票についての諸説を検討するとともに，大阪府交野市のケーススタディを通じて，住民投票の評価，意義，今後の課題について拙論をまとめた。

2　住民投票に関する諸説

(1)　憲法，行政法の視座
①消極説

　近代国家で間接民主主義が発達したのは，物理的ないし技術的に直接民主主義の実現が困難になったという理由のほかに，高度に専門化した分業化体制がとられる現代社会においては，それぞれの専門分野を専門家に委ね，総合的視野に立ってこれを一貫して実施させるのが妥当であるという基本認識があるからである。

　現代の政治や行政は，かつての田園的牧歌的社会でのそれと異なり，すぐれて専門的作業と化しているから，一定期間これを国民を代表するにふさわしいテクノクラートに依託しその責任で行わせるのが適当と解されているのである。こうした見方からすれば，直接民主主義への傾心が，いちがいに地方自治の本旨への接近であると見るのは，短絡した見方と言わざるをえないが，法解釈上も，個別重要課題をアド・ホックに住民投票に委ねて決定するのは，法律上の権限分配に抵触し，長や議会の権限を侵害する疑いがある。

図Ⅰ-5-1　住民投票要求が出された主な例

新潟県巻町　巻原発建設
宮城県川崎町　場外船券売り場設置
島根県宍道湖・中海　本庄工区干拓
千葉県印西町　市昇格にともなう町名変更
愛知県常滑市　中部新国際空港建設
大阪府交野市　第2京阪高速道路建設にともなう環境保全
三重県紀勢町　芦原原発建設
神戸市　神戸空港建設
鹿児島県鹿児島市　甲突川改修にともなう石橋（高麗橋と西田橋）保全

（注）　1995年現在。
（出所）田島義介『地方分権事始め』。

図Ⅰ-5-2　住民投票条例制定の主な例

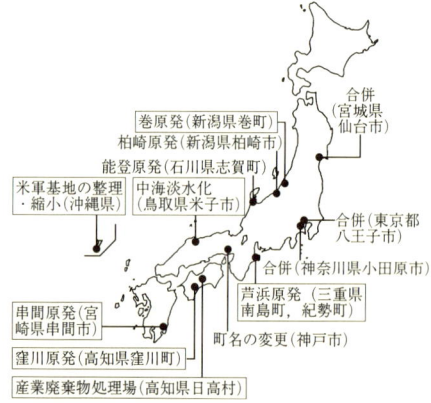

合併（宮城県仙台市）
巻原発（新潟県巻町）
柏崎原発（新潟県柏崎市）
能登原発（石川県志賀町）
米軍基地の整理・縮小（沖縄県）
中海淡水化（鳥取県米子市）
合併（東京都八王子市）
合併（神奈川県小田原市）
芦浜原発（三重県南島町、紀勢町）
町名の変更（神戸市）
串間原発（宮崎県串間市）
窪川原発（高知県窪川町）
産業廃棄物処理場（高知県日高村）

（注）　□は条例を制定した自治体。それ以外は住民投票実施済み。
（出所）『日本経済新聞』1996年7月25日。

法律上の疑義を度外視して，純然たる政策論として見ても，住民投票という制度は元来かなりプリミティブな政治的意思統合の技法であるから，複雑かつ専門技術化した現代の自治行政上の個別課題を決定するのに，ふさわしい手続きと言えるかどうか疑わしい。以上のような主張に代表される（〔3〕）。

②積極説

ⓐ法的拘束力を認めない説

住民投票は，地方公共団体の最終的な意思決定としての意味を持ちえず，現行制度上の地方公共団体の意思決定機関が意思決定を行う場合の参考としての意味を持つものとしてのみ許されるのであり，その限界内において実施が可能であるものと解さざるをえない（〔4〕）。

ⓑ法的拘束力を認める説

現行地方自治法では，制度上の住民投票が保障されていないが，自主立法権として住民投票に関する条例を制定し，その投票の結果に利害関係者が拘束されるとすることも可能であろう。それはむしろ憲法原理に適合するものと言え

よう（〔5〕）。

　武田真一郎も以下のように主張する。条例で住民投票制度を設ける場合，一般としては法治主義あるいは，法律の優位の原則により，法律の趣旨に反する法的効果を付与することはできず，投票結果によって法律が議会や執行機関に固有のものとして付与したと解される権限を制限したり，第三者の基本的人権や法的権利を制限することはできないであろう。しかし右のような法治主義による一般的制約を受けない事項を対象とする場合，政策的妥当性はともかくとして，投票結果に拘束力を持たせることが必ずしも不可能とは言えないように思われる。

　この問題は地方議会や執行機関が住民投票の結果を無視するという事態が生じた場合，現実的な意味を持つことになる*（〔6〕）。

(2) 政治学・行政学の視座

加茂利男は以下のように主張する。

　「もちろん住民投票は，必ずしも「正しい」決定をもたらすものではありません。民衆はエリートと同じく，あるいは，エリート以上に間違いを犯しやすく，住民・国民の多数による決定が少数者にとって受けいれられない不正義を生む可能性をもっている（「多数者の専制」トックビル）ことは，民主主義の弱点として繰り返し指摘されてきた。

　しかし，では議会や官僚，指導者がより理性的で妥当な判断をするかといえば，その保証もやはりありません。だからこそ，事柄が重大でしかも意見が分かれる争点があればあるほど，最後は住民の直接投票で決するべきだというのが，「レファレンダム」制度の趣旨ではないでしょうか。仮に投票が行われた決定が妥当でなかったら，住民自身がその間違いから教訓を得て，自らそれを是正する，それがデモクラシーだという考え方です。住民自治を基礎に地方自治を考え，これを「民主主義の小学校」と位置づけた近代地方自治が，住民投票のような直接民主主義＝住民の「自己決定」システムを発展させてきたのは，それなりに理由のあることだったと

＊　三辺夏雄も条例の法的拘束力を認めている（〔7〕）。

いえます。わが国でもいま，この住民による「自己決定」の主張がようやく広がり始めたのである。

　現代政治の底流で噴出する「自己決定（分権・参加→自治）」意識のマグマこそもう1つの地方分権の推進力であり，これと合流できないような地方自治運動はその生命力を失ってしまわざるを得ないでしょう」（〔8〕）。加茂は住民投票制度こそ地方自治活性化の道であると説く。

新藤宗幸も，現代の分権論議では，地域の民主主義の問題と，中央と地域が対等の立場で決めていくシステムの問題が見落とされて，住民投票はその穴を埋める実験の意味を持つと，評価している（〔9〕）。

(3) 各種団体・審議会の報告書

全国市議会議長会報告書（1982年2月）では「最近地方議会が住民に直接かかわる事項のうち，明確な意思決定を直ちに下しにくいような事項がでてきている。このような事項の審議にあたって，地方議会は，より広く住民の意見を把握するため，いわゆる住民投票制を採用し，その結果を審議過程で参考とし，より的確な意思決定を行うことが考えられる。議会は，住民の意向をより反映し，審議の充実をはかり，的確な意思決定を行うため，この住民投票制を採用することが望まれる」としている。

議会側に立つものが，住民投票制の活用を積極的に提案したことは，従来，議会および議員の多くが「議会こそが正統な住民意思の代表者である」として，首長が直接住民と積極的にコミュニケーションすることに対し，批判的な姿勢を示していることから見て注目に値する新しい現象である（〔10〕）。

98年8月発表の地方分権推進委員会中間報告では，「現行の制度においても，既に条例の制定，改廃，事務監査，議会の解散及び長，議会の解職のための直接請求制度や財務に関する住民監査請求の制度が定められているが，住民による地方公共団体の行政への参加の機会をさらに拡大するために，直接請求制度の見直しや住民投票などについて検討する必要がある」と述べられている。

その他の報告書では住民投票制の検討に関しては，行政施策への住民参加の機会拡大のための方策として，住民投票制の導入を検討すべきであるという意

見がある一方，現行の代表民主制を基本とした地方自治制度の下での議会や長の本来の機能と責任との関係などから慎重な意見が見られる。

3 住民投票抬頭原因

　地方公共団体の意思決定を法的に拘束するものではないにしても，住民生活に重要な問題が住民投票に付されてきた背景には，地方公共団体の長および議会による意思決定に対する住民の不信感があると言えよう。代表民主制に由来する現行諸制度が，住民の意思を必ずしも適切に意思決定過程に反映させることができない状況のなかで，住民の側の積極的な対応として，住民投票への期待が高まってきていると考えられる（〔11〕）。
　加藤富子は，以下のように主張する。
　　「都市化の進展は議会の審議能力を弱めると共に，住民水準の上昇を促し，住民の発言力の増加と，他方では議員（議会）の住民に対する指導力の低下をもたらす。また都市化に伴って増大する議会構造と住民構造のギャップが直接民主的傾向を増大させる原動力となっている。
　　住民投票の活用は，投票日1日だけの主権者でしかないため，政治や行政については，すべて議員にまかせざるをえない依存的な住民状況に活を入れ，自分達が納税者であり，重要なことについての決定権を持つ主権者であることを実感として体得させるためにも，また条例案などを合理的ならしめ，かつ，それについての多面的な検討を促すためにも有効な方策である。
　　それに議会構造と住民構造にあまりにも，大きなギャップがあるという現実は，やはり何らかの方法で，議会に代表者を全く，またはほとんど送っていない住民グループの考え方をも地方自治体の意思決定に反映させる仕組みを考えることの必要性を示しており，この点からも住民投票の効用が考えられる」（〔10〕）。
　住民の議会，議員への不信感と，議員が住民の多数層からでなく，自営業者，農業者から多く選ばれているという代議制のギャップが住民投票制度への関心

をひきおこしたと考えられる。

4 大阪府交野(かたの)市のケーススタディ

　大阪府交野市で1994年に「第2京阪道路の建設方法について，交野市民の賛否を問う市民投票に関する条例」制定の運動が広がり，同条例の制定請求の署名は有権者約5万3000人の40%にあたる，2万22人の多くを得た。しかし市長は「予備設計が掲示されましたならば，まず地域住民の意見を十分にお聴きするなど，築堤方式について事業主体の考えを十分に聴取し，住民，市，市議会が十分に話し合い，検討したうえで，本市域に最もふさわしい構造を見出し，その実現を期すべきであり，これに対して，仮にも，直接的な利害関係を有する沿道住民と市民全体を一律に取り扱う「市民投票」により判断を下すことは，沿道の住環境の保全や将来の交野のまちづくりに禍根を残すことになりかねず，交野市民の混乱を招く恐れもあるから，今回の条例制定は必要ないと考えます」という意見書をつけて議会に送った。

　議会では，「2万人余りの署名が提出され，市民投票が実施され，その結果が建設省に示されれば大きな力となる。それを信頼していくべきであり，決して敵対的に見るのは適切ではないし，市民もそうであると確信している」という制定賛成派に対して，反対派は「現行の地方自治制度が代表民主制である以上，住民投票制度を安易に多用することは，市長や，議会の本来果たすべき機能と責任を損ない，議会の形骸化をもたらす恐れがあるので，今後について十分慎重な対応を望むものである」と主張し，採決の結果議長を除き18人中賛成5人で否決された([12])。

5 むすびにかえて

　住民投票をめぐる見解の対立の原因の1つは，地方自治における間接民主制と直接民主制との関係をどう考えるかにある。どちらに重点を置くかである。見解の対立のもう1つの原因は，政治を行うにあたってアマチュアリズムを

根底に据えるか，プロフェッショナリズムでいくかの政治観の違いである（〔13〕）。

　第1の間接民主主義か直接民主主義かの対立は，両者を対立的にとらえるのは一面的であり，適切な調和を求めることが必要であるが，筆者はわが国の場合，国レヴェルの政治は，間接民主主義中心で，地方レヴェルは，人口，地域という点から考えて，国レヴェルより，直接民主主義中心にするべきではないかと考える。

　第2のプロかアマかの点については，加藤富子が主張するように，都市化の進展に対応して，住民の所得水準，学歴水準が上昇し，成熟度の高いところでは，住民の平均の方が，議員より所得水準，学歴水準を上回る傾向が見られ，議員イコール専門家と見ることができなくなっている（〔10〕）。

　したがって議員のみによる意思決定では，特定の論点についてはその任期の4年間において常に民意を適切に代表するわけでもないし，前述のように，議員が真に市民層を代弁していない。巻町の場合でも，サラリーマン層がふえているにもかかわらず，長年，長老的な地域有力者，農業者，土建業者が議会を支配し，保守的になっていたことも条例制定運動の原因と考えられる（〔13〕〔14〕）。

　住民投票制採用については，その問題点を認識した上で，なお積極的に「地方自治の本旨」に合致し，国民主権の原理にも適合する制度として選択し活用することが今後望まれる。

　議会側に望まれることは，直接請求に対して議会への挑戦へと受け止める傾向があるので，それを敵対ととらえないようにすることである。

　住民投票は議会制民主主義を否定すると考えるからであろうが，だが地方分権の時代である。人を選ぶ選挙と違い，住民投票は特定の政策の成否に絞って住民の意思を確認できる。議会とは別に，民意を反映するもう1つの道があってもよいのではないか。

　もし議員，首長が絶えず住民の民意を反映する政治，行政を行っていれば，住民投票制度は必要ないのではないか。

　地方分権の推進は，地域における行政の運営をできるだけ身近な地方公共団

体において処理するため，住民の行政への参加の拡大が要求され「地方分権推進中間報告」でも検討のテーマとされている。現行の直接請求制度への検討とともに住民投票制についても法的整備と議会関係者の認識の向上が望まれる。

▶参考文献

〔1〕 曽野綾子の意見『文芸春秋』1996年10月号
〔2〕 平松毅の意見『日本経済新聞』1996年9月9日
〔3〕 原田尚彦『地方自治の法としくみ』学陽書房，1990年
〔4〕 秋田周「地方自治体における住民参加の研究」『新潟大学法学部法政理論』第28巻第4号，1995年11月
〔5〕 吉田善明『地方自治と住民の権利』三省堂，1982年
〔6〕 武田真一郎「住民投票をめぐる法的問題」『法律のひろば』1993年6月号
〔7〕『ジュリスト』第1100号，1996年11月1日号
〔8〕 遠藤宏一・加茂利男『地方分権の検証』自治体研究社，1995年
〔9〕『日本経済新聞』1996年7月29日
〔10〕 加藤富子「地方自治体への意思決定と住民投票」『法と政策』第18号，1982年11月
〔11〕 仲哲也「住民投票制度の構想」『都市問題』第87号，1996年1月号
〔12〕「交野市議会だより」1995年5月10日
〔13〕 長谷川公一「住民投票を考えるリレー討論，社会運動の成熟に効果」『日本経済新聞』1996年9月8日
〔14〕 村松岐夫・伊藤光利『地方議会の研究』日本経済新聞社，1986年
〔15〕 稲葉馨「ドイツにおける住民（市民）投票制度（一）」『自治研究』第72巻第5号，1996年5月10日
〔16〕 田島義介『地方分権事始め』〈岩波新書〉1996年

第Ⅱ部　選挙分析

第1章　第12回統一地方選挙（1991年4月）
―― 無投票当選，低投票率の解明を中心に――

1　はじめに

　第12回統一地方選挙が終わり，地方自治の新しい担い手が決まった。しかし統一地方選挙から熱気が失われてきている。
　その原因の1つは，単純なことであるが，その「統一」ということの意味が，年々失われていることにある。戦後45年，首長の任期途中での交代や市町村合併などが累積されてきて，この4月，知事選が行われるのは，全体の3分の1足らずの13都道府県だけ，市町村で首長選が行われるのは25％に止まっている。世間が統一地方選と騒いでも，もはや3分の2の自治体では首長選挙は，この時期に行われていないのである（〔1〕）。
　しかし，今回の統一選挙は前回のように直接日常生活に結びつく消費税という争点がなかったが，急ピッチで進む高齢化社会への対応，ゴミ処理，リゾート開発の是非，土地・住宅問題，あるいはコメの自由化に至るまで，いま直面している国政のさまざまな課題も，言ってみれば地域社会が抱える問題にほかならないことがあきらかとなった。さらに，一極集中の弊害を生んでいる中央への権限集中をどのように地方主権にまで高めるか等，今日わが国地方自治の直面する諸問題について，国民が判断を下す機会であり，これらの諸問題についての政策論争が期待された。
　残念ながら結果は，①統一選挙史上最多の無投票当選数を記録した。知事選でこそなかったものの，町村長選で約半分，市長選で3分の1，道府県議選では全定数の5分の1近くが有権者の審判を受けずに当選した。大阪府泉大津市

では定数割れの市議選となったほどである。

狭い地域では，しこりを残さないことを重視して，事前の話し合いや「調整」の行われることが多い。有権者に投票の機会さえないようでは，身近な民主主義が根底から崩れることになりかねない。

②平均投票率は史上最低であった。政策の選択の幅が狭まり争点に乏しい選挙だったとはいえ，残念なことである。

以上のような悲観的，マイナス的状態ばかりでなく明るい傾向も見られる。わが国地方自治にやっと新しい芽が出てきた。女性議員が増えたことと，環境問題を中心に日常生活上の諸問題の解決を政策に掲げる市民生活派議員が増えてきたことである。兵庫県芦屋市では初の女性市長が誕生したし，90年代の有権者が求める福祉，環境，自治，政治倫理などの価値追求，表現型の人々が新たな無所属議員として当選してきたことである。

本章においては地方選挙における無投票当選，低投票率傾向を今回の第12回統一地方選挙をモデルとして，無投票当選については，わが国地方自治の課題（具体的に言えば，地方議会・地方議員の実態）と関連づけ，低投票率については「相乗り」が，その主なる原因と言われるが，果たしてそうであるか，諸学説，諸データを検討しながら解明を試みる。

2 無投票当選について

(1) 概況——候補者の減少

最近の統一選における無投票当選の割合の推移は図Ⅱ-1-1に見られる通りである。

今回特に道府県議選で無投票当選が多かった背景として，次のような見解がある。

社会党を除く自民，公明，共産，民社，社民連各党が候補者を前回より減らし，全体で前回より350人も候補者減となったことが大きい。

特にこれまで直接の当選を度外視し，無投票当選阻止を掲げてきた共産党の候補者の絞り込みの影響がもっとも大きい。

道府県議選で無投票当選が目立ったのは1人区（小選挙区）が多かったことである。これまでもっとも1人区で無投票当選者数が多かった1979年は503人のうち228人が無投票となり、全無投票当選485人の47％を占めた。この比率は83年は32％、87年49％、今回も40％に達した。

この1人区は多くの場合、保守地盤が強いところで、現職やその地域を継承する者は地域推薦に近い支持を受けている。そういう地盤の固定化が新規参入を拒む壁となり、無投票を生む要因となっている、という見解がある（〔2〕）。

図Ⅱ-1-1　無投票当選率の推移

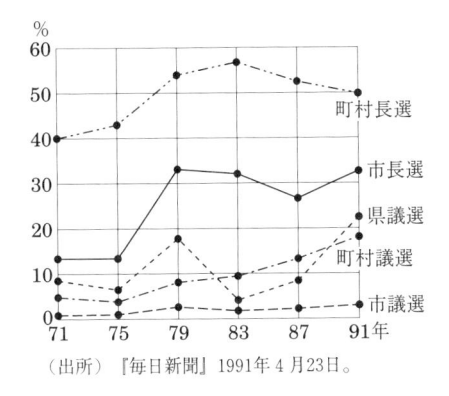

（出所）『毎日新聞』1991年4月23日。

道府県議選の場合、この見解はある程度あてはまると考えられるが、今回特に立候補者の数が少なく、道府県議員の場合、定数2693に対して無投票があるので立候補者2693名、無投票を除くと1.4倍、政令市議も同様に733に対して、922名、競争率1.35倍、一般市議1万1397に対して、1万1398名、競争率1.01倍、町議2万579に対して、2万2479名、競争率1.09倍の低競争率である。

(2) 議員への誘因、魅力

以上のように、競争率が低くなった原因の大きな理由として筆者は地方議員という地位に市民が魅力を感じなくなってきた結果ではないかと考える。

地方議員への誘因あるいは魅力は何であろうか。まずその地位に結びついた法的権限、その結果生じる諸々の権力、名誉そして経済的報酬が考えられる。地方議員に立候補することを決心するには、少なくともこれらの誘因が、立候補に伴うリスクや費用を上回ると当人の眼に映らなくてはならない。

地方議員の誘因、魅力の第1は、地方議員の地位には一定の権力が付随するということである。卑近な例として、地方自治体職員は地方議員を丁重に扱い（議員を「先生」「先生」と呼ぶ）、大きな支障がない限り議員からの要望に応

えようとする。議員は，まずこのような形で権力を実感できる。しかし，行政の各部局や職員が議員に一応の敬意を表わすのは，議員や議会から特別の監視や注視を受けることを回避するためである（しかしそのことを議員自身はあまり認識していないで，議員バッヂのため職員より地位が上であると錯覚しがちである）。

第2の誘因，魅力は，社会的威信・名誉である。この威信をランクづけすれば，町議より市議，市議より都道府県議というレヴェルが高いほど威信が高くなるであろう（したがって地方議員はよりレヴェルの高い議員職，例えば，市議なら都道府県議を目指し活躍する）。

第3の誘因は経済的報酬である。

大阪府下のある衛星都市の市議の報酬は月約60万円であり，ボーナス等をいれるとかなりの金額となる。

(3) 社会の変様

しかしこれらの誘因，魅力に変化が生じつつある。社会が多元化するとともに政治が社会一般から分離し，ビジネスエリート，自由業者，専門家等の社会経済エリートが政治エリートとは別個に存在するため，それだけ地域の政治エリートないしサブ・エリートたる議員は社会的威信を占有することが困難になり，往々にその威信は低下するからである。

権限や報酬も，議員の地位を確保したり維持するための費用やリスクを考えると，必ずしも法外なものでなくなった。例えば人口が40万〜50万人程度の中都市の議員は時間と労力のほとんどを議員活動に費やさなければならず，ここでは経済的報酬は誘因としては十分でない。しかもその職は期限付きで不安定であり，少なくとも4年に1度選挙というかたちで「再雇用」のハードルを越えなければならず，また選挙期間中はもとより，任期中も家族の協力と負担を必要とし，私生活はかなり犠牲になる（〔3〕）。

ある議員は「無理なことでも頼まれ引き受けるのが議員，と住民は思っている。昔なら国や府の仕事の情報が議員のところへいち早く入って，何とか出来ることもあった。しかし情報公開が進んだ今は，そんな特権もなくなってしま

った。だから今の若い人が議員の仕事に魅力を感じなくなってしまった」と述べている（〔4〕）。

　今回の統一選挙についても，道府県議選では新人が24%占める結果となった。落選議員のなかには，名声と定職を失うとともに，選挙での多額の借金を抱え，今後の生活を思案している人も少なくない。今回の全国の現職議員の落選率は15%前後で，年々低くなっているとはいえ，今の日本で4年に1度，その地位を根本的に審査され，100人中15人が振るい落とされるような職はほかにはそうあるまい。世の中が安定し，転職がまれな時代に（しかし最近はアメリカ流に転職もさかんになってきているが），こうした高いリスクを伴う職業を選ぶ人が少なくなるのも当然である。

　そもそも民主政治は，政治家の地位を不安定にすることによって，有権者への応答性を確保しようとするメカニズムである。日本では，このリスクを集団でカバーする大衆政党という組織が（公明党・共産党は別として）未発達なため，リスクはまったくの個人負担となる。

　アメリカはその点日本と同様だが，一般に転職がそれほど珍しくないので，政治に失敗しても撤退が比較的容易である。

　つまり，日本では，そのいずれの仕組みも欠けており，候補者にとってきわめて苛酷な制度となっているのである。このため，政治への参入は一大決心を要する冒険となる（〔5〕）。

(4) 候補者減少の実状

　それでは現在立候補する人，また現在地方議員である人にとっての誘因，魅力は何であろうか。政治的経歴にあまり関心のない一般市民からすれば，まったく不可解である。もちろん，ある程度の権力欲や名誉欲は満たされる。しかしそれ以上に，議員やその志願者は，自分の仕事が「好き」で「自分の性に合っている」と思っている一般の人々と同様に，あるいはそれ以上に議員の仕事が「好き」で「性に合っている」と思っているようである。

　地域の人々の細々とした世話をし，人々から一応丁重に扱われ，多くの会合に出席し，さまざまな人に会い，人々の前で演説し，自分の後援会を組織し，

それを維持するために興行主よろしくバス旅行や歌謡ショーのプランを立て，激しい選挙戦を闘う等々といった刺激的で変化に富み，退屈しない，さらに「人のために」なり，それでいて普通の人の能力では容易にはできない——そういった活動ないし仕事が「好き」で「向いている」と感じているのだ。

もっとも何らかの理想をもち，それを実現しようと思っているかもしれないが，少なくとも議員職に就き，それを維持していくためには，今述べたような仕事が「好き」でなければならない（〔3〕）。

立候補者の減少はこのようなタイプの人物が日本の社会から少なくなりつつある傾向にあることを物語っていると考える。

地方議員が選挙らしい選挙もなく，あるいは政策の競い合いも経験せずに当選し，地方議会が議会らしい活動をしていないとすれば，そうした仕組みや組織にのって登場してくる国会議員や政党が談合的体質をもったり，政策構想力に欠けていたとしても，さほど不思議ではない。

公職は常に争われるべきだというのではない。しかし無投票は選挙の洗礼を受けない公職者をつくり出す。これでは民主主義制度の正統性を弱める（〔2〕）。

3 低投票率について

(1) 概況——知事選「相乗り」の増加

今回の統一選挙の投票率（全国平均）は知事選51.82%，道府県議選60.49%市区長選66.5%，市区議選65.39%，町村長選86.40%，町村議選87.18%であり，推移は図Ⅱ-1-2に示す通りである。

知事選の低投票率は各政党の「相乗り」が原因と一般に論じられている。「相乗り」知事の増える原因を知事の側から見ると，特に多党化の進んだ大都市圏では議会の円滑な運営を図るためにも，複数の政党の支持を得て多数派を形成しなければならないという事情がある。

3割自治という言葉が示すように，財政的に中央に依存せざるをえず，道路建設など種々の国の事業を誘致し，中央省庁からの補助金を少しでも多く獲得

しようとするならば，革新色の強い知事ですら，いずれは地元選出の自民党の国会議員の協力を仰がざるをえなくなりがちだ。

都道府県の行政は膨大な費用を伴うし，種々の公共事業の発注を通じて地域経済に巨大な影響を与える。議員の側からすれば，議員活動のうえでも与党になるメリットはきわめて大きい。知事と議員の双方のこのような事情から首長選挙に相乗りが増えてくる（〔6〕）。

(2) 知事選「相乗り」と投票率

選挙の競争度と投票率には相関関係がある。政党間あるいは候補者間の競争が激しいときは，有権者は自分の持つ1票が選挙結果により影響を与えうるのではないかと考え，一層投票に出かけるであろう。また，特定の政党や候補者を応援している運動員は必死で選挙運動を行うので，その結果より多くの有権者が投票に出かけることになる。

逆に競争度がきわめて低い無風選挙の場合，投票日以前に結果が分かっているので，投票に行っても行かなくても得られる結果は同じであるから，多くの有権者はわざわざ投票に行く労をとることもなかろうと棄権するのである（〔7〕）。

知事選において政党の「相乗り」が増え，選挙の結果があきらかに予想できる選挙が増えている。

蒲島郁夫は知事選の投票率に影響を与えている要因として，①統一選下同時選挙，②人口集中度，③当選者と次点の相対的得票差を挙げている（〔7〕）。

図Ⅱ-1-2 統一地方選・投票率の推移

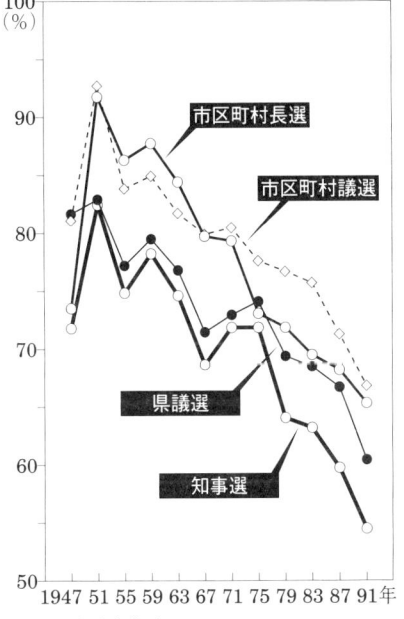

(注) 自治省集計。
(出所) 『朝日新聞』1991年4月24日。

これを今回の結果に適用してみると，㈠茨城県の低投票率は県会議員改選など同時選挙がなかったため，㈡東京都は次点者との得票差が少ないのに投票率が低いのは同時選挙がないことと，人口密度が高いためではないか。㈢福井県は次点との差も大きく，同時選があったが無投票が多かったため，一般的には人口密度が低いところは投票率が高いが，人口密度の低いわりには低投票率になった。㈣鳥取・島根両県は次点との差も大きく，無投票が多いにもかかわらず高投票率であるのは人口密度が低いためではないか。㈤大阪府・神奈川県は政党の組み合わせが同じで，低投票率はやはり人口密度の高さにあるのではないか等，蒲島説が適用される。

ダウンズは有権者が投票に参加するかどうかを決定するものとして，4つの要因をあげている。それは，(1)自分の投票の重要性，(2)政党間の期待効用差，(3)投票コスト，(4)長期的利益である。(1)自分の投票の重要性とは，自分が投票に参加することで選挙の結果に影響が生じるかどうかに関する主観的予測である。

(2)政党間の期待効用差とは，選挙に出馬する複数の政党（候補者）の提示する政策に対して有権者がどの程度，効用の違いを認識するかということである。(3)投票コストとは有権者が投票に参加するために必要なコストである。このコストには政党の政策を認知するためのコストが含まれる。(4)投票の長期的利益とは，有権者の投票参加が民主主義システムの維持に寄与するという自覚に基づく。つまり長期的利益とは，民主主義の作用が維持されることによって，有権者が得る利益である（〔8〕）。

知事選において政党が相乗りすることによって，選挙の結果があきらかに予想できるようになり，ダウンズ説の(1)自分の投票の重要性がなくなり，(2)地方自治に対する各政党の政策があまり相違しないため，政党間の期待効用差も少なくなり，結果的には投票に行って得る利益より棄権する要因の方が強くなり棄権する人が多くなることは理論的にも，データの点でも証明できたと考える。

(3) 世論調査と投票率

大阪府知事選挙前のアンケート結果は図Ⅱ-1-3である。投票に必ず行くと

答えた人は76.3%，なるべく行くと合わせると，91.5%という高いパーセントを占める。しかし実際選挙時の投票率は49.68%である。この現象をどう考えるか，アンケートは選挙直前に行われているから，予定候補者も決定済みである。

前述のダウンズは有権者の投票参加を決定する要素の1つとして，投票の長期的利益を挙げた。このダウンズの考えを発展させたのが，ライカーとオードシュックとグッドとメイヤーらである。彼らはダウンズの長期的利益の概念を明確にし，具体的に次の5つのものが，長期的利益のなかに含まれているとする。

図Ⅱ-1-3 1991年大阪府知事選前のアンケート結果

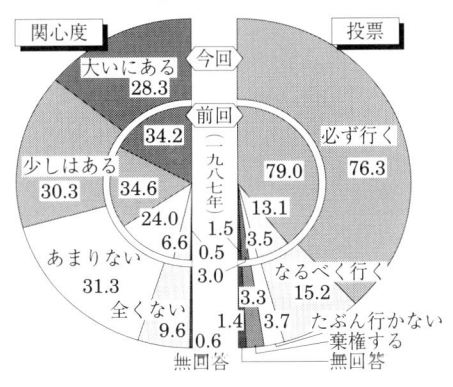

（出所）『毎日新聞』1991年3月7日。

(1)民主主義社会における有権者の義務である投票を果たすことによる倫理的満足感，(2)政治システムに対する忠誠を果たすことによる満足感，(3)自分のもっとも好む政策に支持を与えることによる満足感，(4)投票意思を決定したり，そのための情報を集めることによる満足感（ただしこの満足感はそうした行為を楽しむ有権者にとって得られるものである），(5)政治システムにおける有権者の能力を確認することによる満足感（民主主義は有権者が維持，発展させるものであり，有権者がこの役割を果たす唯一の機会が投票である）〔8〕。

アンケートの段階では有権者の多くは，大なり小なり前述の長期的利益を意識しているのであるが，投票日の当日，身体の調子が悪いとか，他に出席しなければならないことが起こったとか等で，長期的利益を上まわる自己の直接利益にかかわることが生じたために棄権したと考えられる。

(4) 「相乗り」と地方議会の機能

「相乗り」は知事選のみならず市長選挙においても増加しつつある（表Ⅱ-1-1参照）。また道府県議会の与党化度は全体的に高まる傾向にある。

表Ⅱ-1-1　市長の新分野

	今回当選	現	元	新	改選前	非改選数	新分野	改選前
保革相乗り	36	26	0	10	33	150	186	183
保　　　守	44	21	2	21	39	209	253	248
うち自民党	0	0	0	0	1	9	9	10
保守・中道	38	26	0	12	42	137	175	179
革新・中道	2	2	0	0	2	9	11	11
単　　　新	3	2	1	0	5	21	24	26
そ　の　他	2	1	0	1	4	5	7	9
合　　　計	125	78	3	44	125	531	656	656

7選	6選	5選	4選	3選	再選	
2人	14人	37人	88人	97人	183人	(カッコ内は
(0人)	(5人)	(6人)	(21人)	(17人)	(32人)	今回改選分)

（注）　政党の推薦，支持を中心に分類。札幌の新市長は非改選の数に加えた。
（出所）　『読売新聞』1991年4月9日。

首長と議会との関係を類型化すると，以下のような3つの類型がある。

①合意型

合意型では主要な課題や目標について，首長と議会と住民の間に基本的合意が存在する。合意型の典型においては，首長が保守系で，議会も保守が多数派であり，両機関の間の基本的合意の存在ゆえに，議会は首長提出の議案を修正・否定する意見を持たず，したがって議会の政策変換機能も顕在化しない。両機関の対立は政策を契機とするよりも，地位や権力をめぐる人的対立というかたちで現われやすい。

②対立型

重要な政策について，首長＝執行部と議会の間の基本的対立が生じるのが対立型である。歴史的に見れば，高度経済成長が後半に入った1960年代半ば頃から顕在化した成長のひずみと，その是正をめぐる地域における対立がその背景にある。政治的には環境改善と福祉の充実を掲げる革新首長と保守議会という対抗関係が典型になる。

③相乗り型

　「相乗り」型と言っても，前述の**表Ⅱ-1-1**に見られるように多様なパターンが存在する。「相乗り」型が出現した理由としては，保革を対立させた争点の希薄化，地方財政の悪化，大都市における多党化，各党の与党選好，首長の脱政党化といった複合した原因が考えられる。

　相乗り型の首長が，中央政府，住民，議会との関係において，合意型や対決型とは異なることが示される。すなわち合意型においてはこれらのファクターは共同共生の関係にあり，対立型では革新首長は中央政府と地方議会に対抗し，分裂した住民の一方に権力基盤を置いたのに対して，相乗り型では首長はこのファクターと全面対立関係に立たない半面，強い協力と支持を受けるのではなく，その結果として相対的自律性を高めたと言えるかもしれない。

　しかし，議会，政党も首長＝執行部に対して是々非々の態度で臨むようになり，「相乗り」型首長は「全与党は全野党と同じ」と感じざるをえないケースも多くなる。そのため「相乗り」型首長は議会に対して圧倒的優位に立ち，各政党が行政への監視機能を放棄する危険がある（〔8〕）。

　地方議会の機能としては一般に，①住民代表機能，②団体意思の決定機能，③立法の機能，④行政統制の機能，⑤機関意思の決定機能があげられる。

　しかし現在の制度では，「地方自治」の中核的存在と位置付けられている地方議会は，前述の機能を十二分に果たしていないのではないか。特に住民代表機能と行政統制の機能は低下している。その原因を要約すると，まず第1に，都市化に伴う行政内容の膨大化，複雑化，高度化，専門化などが，行政専門集団に対する議員（行政素人）のコントロールを困難にしてきたことがあげられている。次いで，都市型社会への構造変化がもたらした社会的原因として，①都市化に伴う議員構造と住民構造のギャップの増大，②議員報酬の増大がもたらした議員の職業化の弊害，③都市化による住民水準の上昇度に比例しない議員水準の相対的低下などである[*]（〔9〕）。

　各党「相乗り」によって，議会の行政監視（行政統制権）機能にいっそう陰

---

[*] しかし，このような議会悲観論に対して，地方議会の存在意義や肯定的側面をとる有力説もある。詳しくは文献〔3〕参照。

りが生じ，ナアナア行政の横行によって地方自治に緊張感が失われ，そのことが市民（国民）地方自治への関心を薄め，低投票率の原因の1つとなっているとも考えられる。

4 新しい芽

(1) 女性議員増

初の女性市長の登場，また道府県議選，政令市議選，一般市議選，東京の特別区長選，町村議選の5つの議員選挙とも，女性当選者数は史上最高を記録，女性の地方政界への進出が大きくクローズアップされる選挙となった。89年の都議選，参院選から90年の衆院選にかけ，女性議員が次々に誕生，「マドンナ旋風」と言われたが，それに先立つ87年統一地方選挙で女性議員が増え，以後の国政選挙へのはずみとなった。それだけに，いわば「一巡」したとも言える今回の統一選でこの流れが変わらなかったのは，女性議員増加が一時的なブームではなく，きわめて当然の現象であることを証明したとも言える（図Ⅱ-1-4）。

女性議員候補が地方政界に進出した背景には，従来，ある種の集票効果を狙った選挙戦術的側面があった。しかし，近年の傾向は，こうした要因だけでは説明しづらい。地方議員となった女性議員の多くは，無党派の市民であり，政党との関係を持たないものが多い。地域に根ざした生活者として，自然保護，福祉，保健，教育などのあり方を追求していこうとするものが多数を占めている。これは，首長との関係において「密室化」を深め，他方において，中央から地方に至る政党機能に深く組みこまれた地方議会に対する重要なプロテストである。

それゆえに，こうした女性議員たちは，議会における「慣行」や「先例」に戸或いながらも，議会の公開性に向けて奮闘している。「職業集団」としての地方議員に対する「アマチュア」の戦いとも評されるが，ここには地方政治における政治文化の変容を見てとれるだろう。今後，このような傾向がどれほど加速されるのか予想できない。しかし，それが地方政治の底流を形成している

のは確かである。「強い首長，弱い議会」論に安住した議会運営は，限界に当面しているといえよう（〔10〕）。

女性の地方議員の大量進出は，革新の地域的な足場を築くと同時に，地方議会に生活者としての女性の視点を導入し，これまでの補助金志向の旦那政治，土建政治を変えてゆくことになるに違いない（〔1〕）。

(2) 生活派議員増

今回の統一選の特色のもう1つは「環境保全」などを訴える無党派層の市民が積極的に市町村長選や道府県議選，市町村議選に挑戦したことである。また，加えて，「福祉の充実」を求める声が強まり，障害者自身がハンディを乗り越え，各地で市議選に挑んだことである。結果は当選・落選さまざまであるが，過去に政治の場で軽視された人々が，いろいろな障害を乗り越えて立候補したこと自体評価される。

図Ⅱ-1-4　女性議員数の変遷

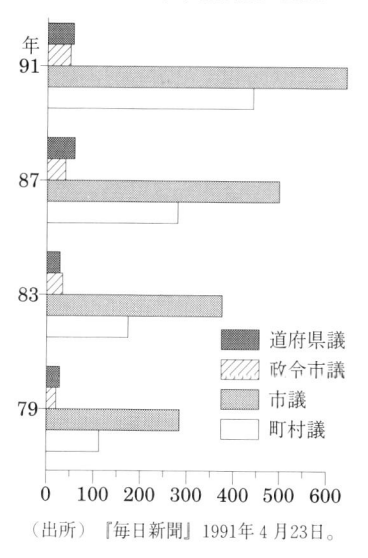

（出所）『毎日新聞』1991年4月23日。

5　むすびにかえて

わが国地方自治の問題点は，①国と地方の関係，②自治体内部の問題と区別される。①国と地方の関係については，機関委任事務，自治体の財源の確保等が考えられる。

②自治体内部の問題としては，自治体自らの政策形成能力を高めることが必要である。

全国都道府県議会，市議会，町村議会の各議長会の調査では，一議会当たり，議員提出条例の件数は年平均1件にも満たない。例えば市議会の場合，1982年（昭和57）の議員提出条例は全国で195件を数えたが，1989年（平成元）にはわ

ずか14件。議員の政策立案能力低下を露呈したかたちである。「行政まかせでなく，議員自身が地域住民の要望を汲みあげて，条例制定などに取り組む」という責務をないがしろにしている証明とも言える。

　情報化社会，高学歴社会のため，市民（住民）は政治や法律に対してある程度の知識を持つようになり，権利意識も高くなった結果，地方議員に行政への注文，苦情を依頼しないで，自ら直接行政機関と交渉する方法を取るようになったことも，地方議員の地位低下の原因の1つであろう。

　無投票当選，低投票率の根元は同じである。一言で言えば，市民（住民）が地方自治に関して，関心が薄くなってきたあらわれの1つであろう。

　その打開策としては次のような思い切った制度の改革が必要であろう。

　ⓐ各政党は地方選挙には一切タッチしないようにする，ⓑ政治に関心のあるアマチュアの参加を可能にするために，実質的に兼業ができるよう人口20万人以下くらいの市では議会を土，日，祝，夜間開設する，ⓒ政令都市市議，都道府県議員には公設の秘書を1人認める，ⓓ無投票の場合でも信任投票を行う，ⓔ戸別訪問の自由化，選挙運動の自由化を進める，ⓕ地方議員に資格制度を採用する，ⓖ政治倫理条例を必ず作り，議員のみならず家族の資産を公開する。

　地方議会は政党色を帯びた議員に占領されるのではなく，アマチュア出身の女性議員や，生活重視型タイプの議員が多数進出したときこそ，わが国地方自治の理念が実現するときであろう。

　そして最後に「地方自治は民主政治の最良の学校であり，その成功の最良の保証人である」という，J.ブライスの言葉を引用して本章を結ぶ次第である。

▶参考文献
〔1〕　高畠通敏「地方選の争点とは何か」『世界』1991年4月号
〔2〕　伊藤光利の見解『朝日新聞』1991年3月30日
〔3〕　村松岐夫・伊藤光利『地方議員の研究』日本経済新聞社，1986年
〔4〕　『読売新聞』1991年4月20日
〔5〕　大嶽秀夫の見解『朝日新聞』1991年4月11日
〔6〕　堀江湛「地方自治への意思表明するチャンス」『読売新聞』1991年4月5日
〔7〕　蒲島郁夫『政治参加』東京大学出版会，1998年

〔8〕 小林良彰『公共選択』東京大学出版会，1988年
〔9〕 園部逸夫編集「実務地方自治法講座3」『住民参加』ぎょうせい，1990年
〔10〕 阿部斉・新藤宗幸・川人貞史『概況現代日本の政治』東京大学出版会，1990年
〔11〕 『読売新聞』1991年3月10日

第2章　第40回総選挙（1993年7月）

1　はじめに

　1993年7月4日公示され，18日投票日であった第40回衆議院総選挙は現行憲法下で行われた過去16回のどの選挙とも比較にならないほど重要な意味があった。
　まず東西冷戦構造が崩壊してから初めての総選挙であるということ。冷たい戦争が消えたあとの世界秩序は，安定でなく新たな混沌であった。それとともに冷戦時代に当たり前だと信じられていた価値観がガタガタと音をたてて崩れ始めた。西側陣営の一員として経済復興に専心し，今日の経済大国を築いたわが国のあり方が問われ，冷戦下のもとで成立していた55年体制がどうなるのかということであった。
　もう1つは政治改革をきっかけに自民党が分裂した結果，過半数維持が不可能となり，38年続いた自民党一党支配体制はどうなるのかということであった。
　選挙の結果は，社会党は惨敗。自民党も過半数を割りこんだまま。代わって新生党など新しい政党が大幅に進出した。衆院解散直後の分裂により，衆院で過半数を大きく割っていた自民党は，ほぼ公示前の勢力にとどまり，比較第一党に過ぎなくなった。野党第一党の社会党の不振は顕著で，公示前の議席(137)を半減させ，過去最少議席（85）さえも大きく下回る惨敗に終わった。
　これに対し，新生党・日本新党・新党さきがけの三新党は，いずれも大きく躍進して，共産党を除く自民対非自民の構図のなかで，「非自民優位」を確立させた。この結果，55年体制と呼ばれる自，社両党主導の政治の枠組みは崩壊した。

一方，これほど選挙についての重要性が叫ばれ，マスコミ等も大きく取り上げたが，投票率は戦後最低であったのはなぜであろうか。国民の政治不信の根深さと，政党や候補者に有権者を魅了するだけの確信と主張がなかったと，単に判断を下すだけでよいのか。

本章は前回（第39回）の分析結果を参考としながら，今回の特色である，①低投票率，②社会党の敗北，③新党の躍進の解明を中心に，第40回総選挙の分析を試みた（第39回総選挙の分析については拙稿『関西外大研究論集』第52号，199ページ以下を参照）。

2　立候補者像

(1)　党派別立候補者数

自民党分裂，日本新党に続く新生党，新党さきがけという新勢力の誕生で多党化状況となり，候補者数も955人と1955年の左右社会党統一，保守合同以来，最多となった（図Ⅱ-2-1参照）。

自民党の候補者数が党分裂の影響で，結党以来最少の285人（党籍証明3人を含む）にとどまったが，自民党，新生党，新党さきがけ，日本新党のいわゆる保守サイドの候補者増加は，①日本新党を中心に新党勢力が積極的に候補者を擁立した，②自民党も前回の落選者が多く，元議員が前回比で3倍増の23人となったうえ，新人を積極的に公認したためであろう。

これに対して既成政党はいずれも候補者数を減らし合計357人。前回比31人の大幅減で第28回選挙以降では最少となった。無所属候補112人のうち保守系は75人。前回が98人だったのに比べて大きく落ち込んだ。従来は自民党の公認漏れなどで無所属出馬を余儀なくされた候補者が，新生，さきがけ，日本新党の保守新党に吸収されたことや，分裂の危機感から自民党が新人や元議員を積極的に公認したことが原因と見られる。

今回の選挙では，逆風下での自民党の公認を拒否，あえて無所属出馬する現象も見られた。

94   第Ⅱ部　選挙分析

図Ⅱ-2-1　衆院選候補者数の推移

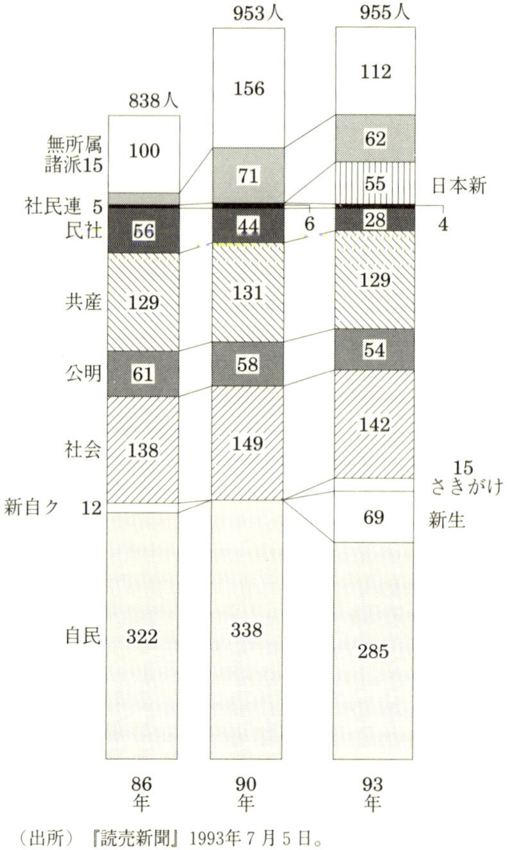

	86年	90年	93年
合計	838人	953人	955人
無所属諸派	15	156	112
	100	71	62
日本新			55
社民連	5		
民社	56	44	28 / 6 → 4
共産	129	131	129
公明	61	58	54
社会	138	149	142
さきがけ			15
新自ク	12		
新生			69
自民	322	338	285

（出所）『読売新聞』1993年7月5日。

(2) 年　齢

　全立候補者の平均年齢は51.7歳で，前回より0.6歳若返った。昭和生まれが87.7％（前回80.6％）で，このうち戦後生まれは36.6％（前回25.2％）に達した。政党別では，日本新党がもっとも若く41.9歳，次いでさきがけ，逆に高いのは社民連の58.8歳，以下社会党58.2歳，自民党56.2歳となっている。

　全候補者を世代別に見ると，もっとも多いのが40代の278人，次いで50代277人，60代211人の順，20代17人，80代も5人いる（図Ⅱ-2-2参照）。

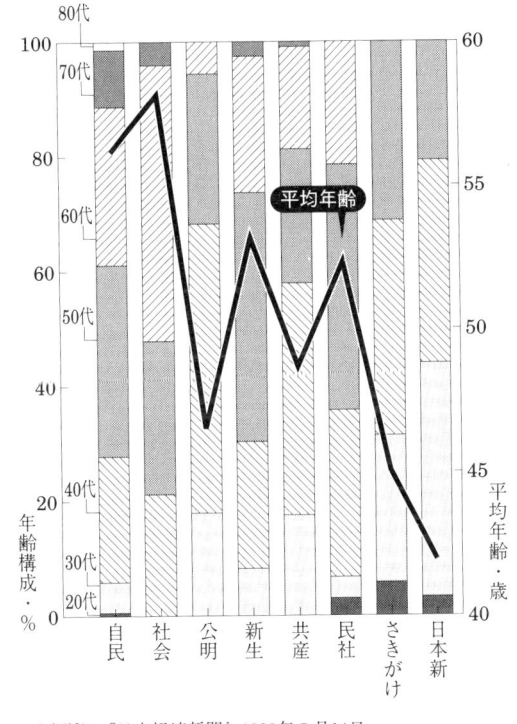

図Ⅱ-2-2 立候補者の年齢構成と平均年齢

（出所）『日本経済新聞』1993年7月14日。

(3) 女性候補者

女性立候補者数の総計は70人で現行憲法下の選挙では最多であった前回の60人を上回った。

全候補者数に占める比率は7.33％と史上最高。女性が政界を目指す傾向が強まっているほか、政党側が「新鮮さ」「クリーン」を印象付けるために擁立するケースが増えているようである。

政党別では共産党の32人がもっとも多く、社会党が10人で次いで、以下日本新党3人、自民、公明両党が2人、新生党1人の順。諸派、無所属はそれぞれ10人である。

自民党に少なく、革新系に多い理由は拙稿（前掲、203ページ以下）を参照い

ただきたい。

(4) 世襲候補者

中選挙区制と自民政権下では当選回数が議員の地位に深い関係があり，そのため若いときから立候補する必要があり，当然名の売れた2世議員が有利であるし，当選後も閣僚および党の重要ポストに若くしてつきやすい。

最近の傾向として自民以外の政党でもチラホラ見られることである。

(5) 経　歴

経歴別に見るとトップは地方議員の249人で全体の23.1%，以下政党役員，世襲の順で，公明・共産両党などが多くの政党役員を擁立したため，前回に比べ政党役員の比率が5.3%増加したことが目立つ。

3　投票率

(1) 関心と投票率

今回の選挙は政治の枠組みの歴史的変革という重要な意義を持つものとなったが，投票率は戦後最低の67.26%を記録した。

投票直前のアンケートでも必ず行くという人が75〜76%，なるべく行く，できれば行くという人を合わせると90%であったし，今回の選挙に「大いに」関心がある人は50%，「少しは」の28%を合わせると78%になる。

不在者投票も大阪市内では前回の2倍くらいあり関心の高さが予想されたが，結果は低率となった。原因についていろいろ考えられるが，(1)選挙戦が進むにつれて，政権構想が必ずしも明確にならず，次第にしらけムードとなり，相次ぐ保守新党の誕生によってこれまでになく選択肢が増えた選挙になりながら，有権者に戸惑いとためらいを引きおこした。

(2)83年ロッキード総選挙（田中判決選挙）のときも低投票率であったことから，有権者の1票が政治を変えそうなときこそ，むしろ投票率が低下するという傾向がうかがえる。今回の場合，アンケートの回答を見ると，有権者の求

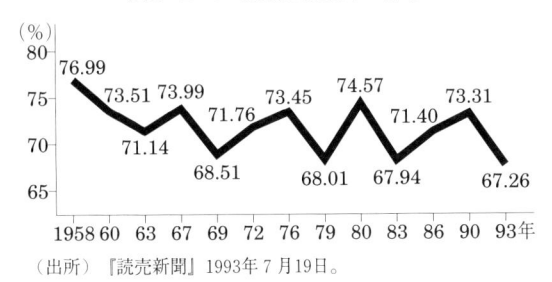

図Ⅱ-2-3　衆院選投票率の推移

```
(%)
80  76.99
        73.51 73.99        73.45    74.57
75                                         73.31
        71.14      71.76         71.40
70
            68.51         68.01
                              67.94    67.26
65
   1958 60 63 67 69 72 76 79 80 83 86 90 93年
```
（出所）『読売新聞』1993年7月19日。

めたものや，政治改革についての意見がすべて同じであったが，このため有権者は変化を期待しながら，その方向が分からないというフラストレーションに陥り，投票所から足が遠のいた（図Ⅱ-2-3参照）。

　(3)自社公民共の5党がまんべんなく投票率を低下させ，そして目減り分の合計が棄権の増大にほぼ合っていることから，今までの支持政党に飽きやしらけを感じながらも，支持を変えるよりも棄権を選んだ人が多い。

　(4)有権者の関心が高い「医療」「福祉」「年金」「景気」についての議論がなかった。

　(5)午後の投票がのび悩んだのは，曙若貴の3強が優勝を争った大相撲テレビ観戦。

　(6)全国的に天候が雨か曇りで天候に恵まれなかった。

　以上のような理由が指摘されるが，もっと構造的な原因が存在するのではないかと考える。

(2)　投票率と政党の消長

　投票率は各政党の得票を左右し，「雨は自民に不利。堅い基礎票をもつ公明，共産などに有利」と言われてきた。過去1970年以降の7回の総選挙では，76年を除けば投票率が70％に乗ると自民党は過半数を大きく超える議席を獲得，逆に70％を割ると過半数割れに追い込まれる傾向があった。

　自民党と投票率の関係は，①自民党同士の激しい争いが保守層などの票を掘り起こし，結果として投票率を押し上げ，議席増につながる。②スキャンダル

など自民党批判が強まると，こうした層の多くが棄権に回り共倒れなどで議席は後退すると分析されてきたが，6月の都議選，今回の第40回総選挙では新傾向が見られ，投票率と各党の伸長の関係の定説化は困難であろう。

(3) 天候と投票率

大都市では10ミリの降雨があると，投票率は10％程度下がると言われている。前回は73.27％であったのは全国的にまずまずの天候であったことが，高投票率の原因と考えられる。今回は全国的にくもりか雨であったことも低投票率の原因の1つと考えられる。

4　当選者像

(1) 経　歴

新議員の経歴を見ると，トップは都道府県議の125人。これに国会議員秘書87人と，中央官庁の公務員79人を合わせた「御三家」で定数の半数以上を占めた。

新党当選者の出身・職業別内訳を見てもこれまでにない特色が出ている（図Ⅱ-2-4参照）。当選者全体でも「御三家」が上位を占めている。しかし政党別では，新生党は官僚と地方政界が合わせて6割を超え，自民党と酷似している。

一方，日本新党は官僚が6％と，全体平均の約3分の1に過ぎない。代わりに自由業，マスコミが各6％，団体役員が14％，自営業などの「その他」が24％を占め，既成政党以上に幅広い人材を政界に送り込んでいることが浮かび上がっている。

また議員秘書出身者の割合はさきがけ，自民でそれぞれ4割弱，2割強と多く，新生，日本新党では1割前後と少ないのも目立つ。

(2) 女性当選者

「マドンナ旋風」が話題になった前回を上回る，現憲法下最高の14人が当選した（図Ⅱ-2-5参照）。大都市，社会党に集中した前回に比べ今回は各地，各

図Ⅱ-2-4　当選者の出身分類に見る新党の中身

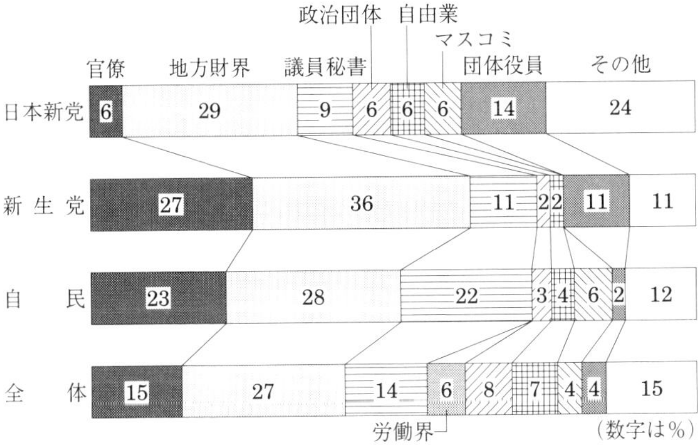

	官僚	地方財界	議員秘書	政治団体	自由業	マスコミ	団体役員	その他
日本新党	6	29	9	6	6	6	14	24
新生党	27	36	11			22	11	11
自民	23	28	22	3	4	6	2	12
全体	15	27	14	6	8	7	4 4	15

労働界―　　　　　　　　（数字は％）

（出所）『毎日新聞』1993年7月20日。

図Ⅱ-2-5　衆院選における女性候補者数の推移

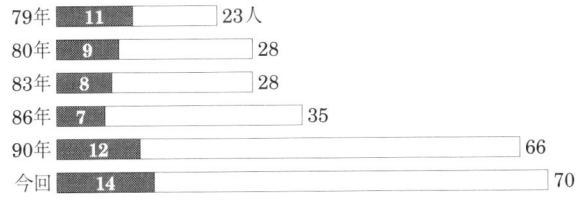

- 79年　11　23人
- 80年　9　28
- 83年　8　28
- 86年　7　35
- 90年　12　66
- 今回　14　70

（注）白ヌキの数字は当選者数。
（出所）『日本経済新聞』1993年7月19日。

党に散らばるかたちになっている。

(3) 次点バネ

前回選挙の次点（法定得票未満は除く）で再起を期して臨んだ候補者73人のうち45人が当選。当選率61.6％で，立候補者全体の当選率53.5％を上回り，次点バネの効果を改めて実証した。

(4) 世襲議員

国会議員（故人を含む）と何らかの血縁関係を持つ「世襲候補」は，今回の

衆院選に200人が出馬し、そのうち164人が当選し、当選率も82.0%で普通の候補者の当選率46.0%と比べはるかに高い。

(5) 世代交代

新人の当選率が29.6%に達し、10人中3人が当選した。前回より上昇し、新人優位の傾向が続いている。当選者の若返りも進んでおり、平均年齢は53.9歳で前回より1.7歳低くなった。新人候補の進出などが原因と見られ「世代交代」を印象づけた。

5 選挙結果

(1) 政党別議席数

自民-4，社会-67，公明+5，新生+19，共産-1，民社+2，さきがけ+3，社民連±0，日本新+35，の結果となった（図Ⅱ-2-6参照）。

社会党の激減，新党の躍進が印象的である。しかし中選挙区制のため，得票数，得票率は当選者数と比例しない（表Ⅱ-2-1参照）。

新生，さきがけには45人の前議員がいたとはいえ，3新党合計で衆院定数の2割を超える103の議席を得たことは，かつてない爆発的な支持をえた結果と言える。

3新党から候補者が出た98選挙区で，そのうち1人でも当選した84選挙区で自民，社会いずれも議席を減らさなかったのは4選挙区だけで，おのおのの選挙区で，自，社は議席を減らした。

また，3新党の出身選挙区を人口集中度で見た毎日新聞社の選挙区分類によると，日本新党は大都市型，都市型選挙区出身者が当選者35人のうち80%を占め，都市型政党としてスタートを切ったかたちである。

これに対して，さきがけは農村，準農村型選挙区の出身者が大都市，都市型選挙区の出身者に迫り，新生党は日本新党とさきがけのほぼ中間に位置づけられる都市，農村混在型の政党となっている（図Ⅱ-2-7参照）。

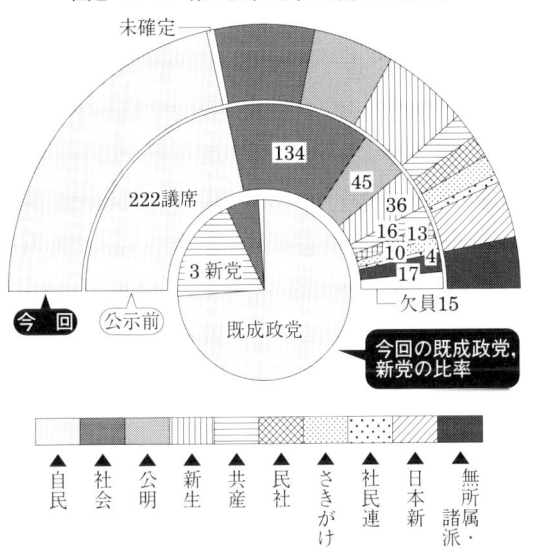

図Ⅱ-2-6 第40回総選挙の衆院の新勢力

未確定

222議席
134
45
36
16 13
10 4
17
3新党
既成政党
欠員15

今回　公示前

今回の既成政党,新党の比率

▲自民　▲社会　▲公明　▲新生　▲共産　▲民社　▲さきがけ　▲社民連　▲日本新　▲無所属・諸派

(出所)『日本経済新聞』1993年7月19日。

表Ⅱ-2-1 党派別得票数・率

	得票数	得票率(％)	前回(％)
自　民	22,972,855	36.6	46.1
社　会	9,672,007	15.4	24.4
新　生	6,328,927	10.1	—
公　明	5,104,425	8.1	8.0
日本新	5,037,722	8.0	—
共　産	4,827,587	7.7	8.0
民　社	2,203,479	3.5	4.8
さきがけ	1,652,658	2.6	—
社民連	461,169	0.7	0.9
諸　派	143,486	0.2	0.5
無所属	4,298,372	6.9	7.3
計	62,702,691	100.0	100.0

(注) 前回諸派には進歩0.4％を含む。

図Ⅱ-2-7　新党当選者の選挙区分類

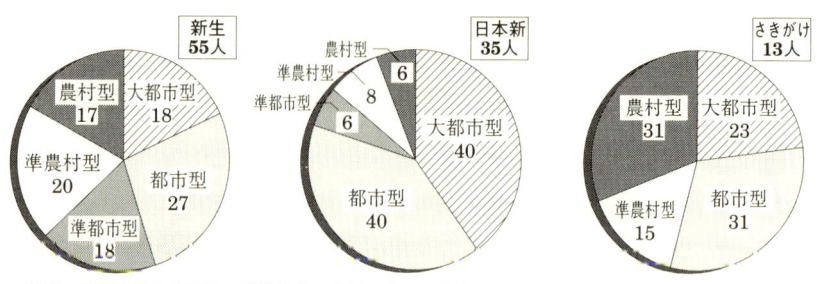

新生 55人
農村型 17
大都市型 18
準農村型 20
準都市型 18
都市型 27

日本新 35人
農村型 6
準農村型 8
準都市型 6
大都市型 40
都市型 40

さきがけ 13人
農村型 31
大都市型 23
準農村型 15
都市型 31

（注）分類は毎日新聞社の世論調査で使用のもの。数字は％。
（出所）『毎日新聞』1993年7月20日。

(2) 社会党激減

今回の社会党の総得票は968万票。左右合同以来初めて1000万票の大台を割った。この空前の惨敗ぶりは，さまざまな面からうかがえる。全党を通じて落選した前議員は106人，そのうち57人が社会党。新人の当選はわずか5人。社会党が失った議席を，どの政党が獲得したのか。

選挙区ごとに，公示前勢力での議席と比べると，社会党に代わって新しく議席を得たのは，自民党がもっとも多い17。

自民党が得た選挙区は，新生党やさきがけの前議員がいる選挙区が目立つ。新党への移動によっていったん議席を減らした自民党が，元議員の擁立などで議席回復を図り成功したところが多く，こうした保守同士の競合によって，社会党が埋没したケースと言えそうだ。

このほか，社会党以外の政党の落選などによって複数の議席が入れ替わったため，議席の損失が1対1で対応せず，争奪関係が明確にならないものが22ある。このうち19で，3新党のいずれかが，社会党を含めた複数の議席のうちの1つを獲得している。これを含めると，社会党の失った議席の約半数が3新党進出の影響を受けたかたちとなっている。

(3) 選挙協力

今回の選挙協力は過去最高の106選挙区180人に膨れ上がったが，戦績は110

図Ⅱ-2-8 各党選挙協力の結果

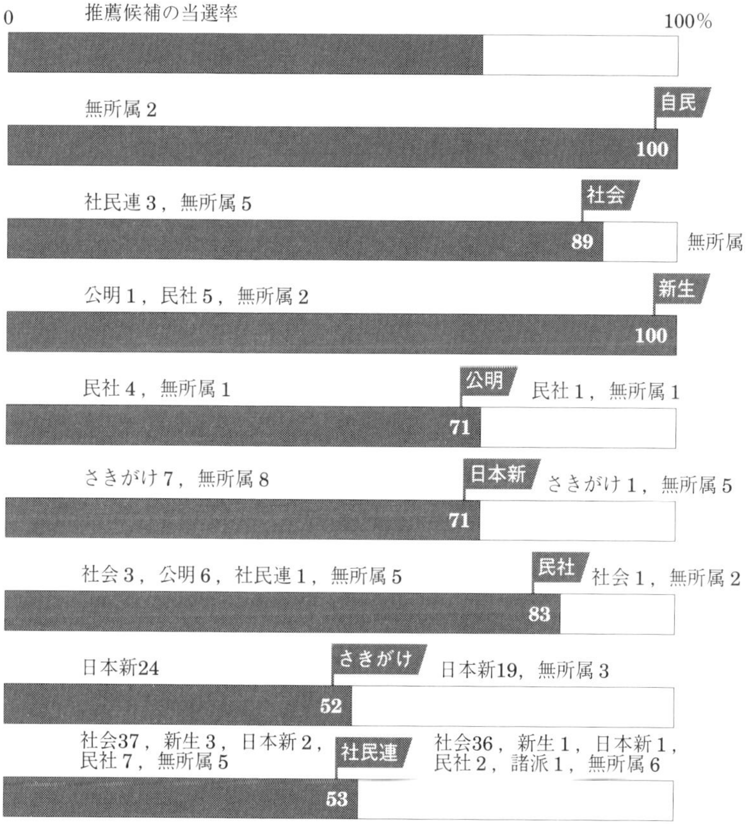

政党	推薦候補の当選率	既成政党との連携
自民	無所属2／100	
社会	社民連3，無所属5／89	無所属1
新生	公明1，民社5，無所属2／100	
公明	民社4，無所属1／71	民社1，無所属1
日本新	さきがけ7，無所属8／71	さきがけ1，無所属5
民社	社会3，公明6，社民連1，無所属5／83	社会1，無所属2
さきがけ	日本新24／52	日本新19，無所属3
社民連	社会37，新生3，日本新2，民社7，無所属5／53	社会36，新生1，日本新1，民社2，諸派1，無所属6

（注） 共産は推薦候補なし。候補本人が推薦を拒否したものは計上していない。
（出所）『毎日新聞』1993年7月20日。

勝70敗，勝率61.1%と前回（68.6%）を下回った。これは全体の4割近くを占める社会・社民連の協力が勝率52.9%と不振だったのが要因だ。

選挙協力のパターンは22パターンと複雑化したが，これを既成政党主軸型，既成政党・新党提携型に類型化したのが図Ⅱ-2-8である。

新生，日本新，さきがけの3新党では新生の推せん候補8人が当選したほか，日本新，さきがけの相互協力も数多くの議席に結びついた。

6 むすびにかえて

今回の総選挙の結果について,猪口孝は,次のように分析する([1])。第1に,日本の議会政治の根本は東京ではなく,各選挙区という草の根にあることを印象づけた。自民党議員は選挙区にもっとも強く基盤を持ち,東京での,ややもすれば,うわすべりしやすい中央政治の与えた印象とは少し違う結果がでたようだ。活躍した候補者は自民党であれ,非自民党であれ,地元密着型,地元利益誘導型,愛郷心強調型であることが多かった。

第2に,自民党が解散時よりも多い議席を獲得したことは,政治改革を否定するとか,変化を拒否するという有権者の意思を示すものではないようだ。逆に3保守新党の得票が示すように,腐敗防止の政治改革と生活者優先の社会変化を求める声は大きい。

自民党支持のなかでも,なかからの改革を唱えて世論に説得的に応えた候補者の多くは,それなりの支持を獲得している。政党の別にかかわらず,この2点についての世論はかなり強い。

第3に,にもかかわらず,政治に対する無関心と懐疑心は根強い。どの政党も同じことをやっているのではないか,腐敗と不正を繰り返す政治家に政治改革の旗手となることはおかしいではないか,そもそも政治が社会変化の機軸になっているのではなく,官僚機構が政策を担当し,企業が経済を担当しているのではないか,というような声は無視できない。約半数が棄権したことはこのことを示している。

以下今回の選挙の特色について若干の考察を試みる。

(1) 投票行動の変化

『読売新聞』の調査によると,前回,今回と同じ党の候補者に投票したと回答した人は,共産党の82%,以下,公明78%,自民66%,民社63%,社会61%となり,残りの人は前回とは別の党へ投票している。特に絶対数の多い自民,社会両党へ前回投じたと回答した人の4割近くが,今回は他の党へ変えた様子

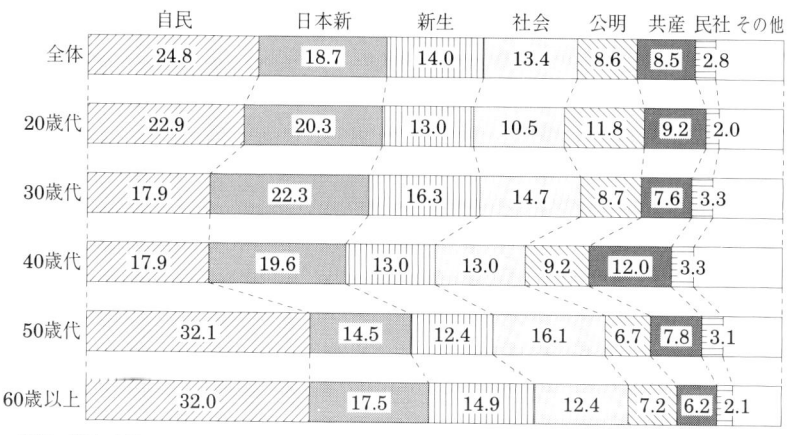

図Ⅱ-2-9　年齢別政党得票率

	自民	日本新	新生	社会	公明	共産	民社	その他
全体	24.8	18.7	14.0	13.4	8.6	8.5		2.8
20歳代	22.9	20.3	13.0	10.5	11.8	9.2		2.0
30歳代	17.9	22.3	16.3	14.7	8.7	7.6		3.3
40歳代	17.9	19.6	13.0	13.0	9.2	12.0		3.3
50歳代	32.1	14.5	12.4	16.1	6.7	7.8		3.1
60歳以上	32.0	17.5	14.9	12.4	7.2	6.2		2.1

（注）　数字は％。
（出所）　『毎日新聞』1993年7月22日。

がうかがえる。

　それでは、今回増えた3新党に、前回の票がどのように流れたのだろうか。
　前回、半分以上を占めた自民党の票の10％が新生党に、さらに日本新党へ9％、さきがけへ3％と計22％が、また同じく社会党の票も新生党へ10％、日本新党11％、さきがけ1％の計22％と、それぞれ5分の1余りが移動するかたちとなり、新党ができたことの影響が大きかったことが裏付けられた格好である。
　また『毎日新聞』の調査によると、年齢別政党得票数は図Ⅱ-2-9となり、日本新党が20歳代、30歳代に支持されており、自民は50歳代、60歳以上で3割を超える得票を得ている。

(2)　社会党不振原因

　今回の社会党惨敗の原因について研究者は次のように主張する。
　①社会党が惨敗したのは、社会主義に代わる基本理念が欠けていることもさることながら、それ以上に、状況に対する判断と対応のまずさに、その原因があったと言えよう。公明党に追い立てられるように国会閉会の3日も前に内閣不信任案を提出し、選挙になるとみずから野党の第1党なのに羽田首班の連立

政権に賛成し、その際には自民党の政策を継承するとまで宣言してしまった。野党第1党の責任は、何よりも、現在の政府の政策に代わる別の政策上の選択肢、現在の政治のあり方と別の政治のあり方を提示することであるはずなのに、この野党第1党の義務を放棄してしまった（〔2〕）。

②世界の平和の条件が大きく変化しているなかで、社会党はPKO法案にさえ徹底して反対した。国民の意識は変わりつつある。非軍事に徹することが必ずしも平和につながるわけでないことを理解し始めている。また社会党は政権の獲得や政策の実行よりも、自民党政治への抵抗を主な目的としてきた。しかし強力な野党がほかに出現すれば、抵抗だけでは飽きられる。社会党は今回、基本政策の継承を打ち出し、安保・外交政策で現実主義に転換し、また単なる抵抗の党から脱皮しようとしたが、中途半端に終わってしまった（〔3〕）。

③政治改革に努力し、内閣不信任案を可決させた社会党の敗北原因は、中選挙区制にある。中選挙区制では投票の15％を取れば当選するという経験則がある。

ところが社会党は全体としての得票率がその線に近づきつつあった。中選挙区制では政党の行動がすぐ票に結びつく、つまり政治的記録が時差を伴って現われる。こうして社会党の敗北は永年の衰退傾向の帰結なのであり、多くの政党が出現したことがいわばとどめになったのである（〔4〕）。

④非自民勢力形成のスピードが速すぎたため、話題はいつの間にか政権論になり、そこから政策問題が逆に浮上するという結果を招いた。自民党から「野合」批判に口実を与え、もっとも無理な跳躍をした社会党がその最大の被害者になった（〔5〕）。

⑤労組、農協という組織の政治活動は、「弱者としての労働者」「対抗力に欠ける農民」という前提から集団主義をとった方が有利だという視点から行われてきた。しかし、こうした疑似集団主義の有効性が根底から問われるようになってきた。すなわち組合離れが社会党敗北の原因であるとする主張である（〔6〕）。

筆者は以上のような理由に加えて、前回は消費税が争点であったのと、土井たか子が委員長で実力以上の当選者を出した。主婦層を中心に消費税反対票と

土井たか子の個人人気票が社会党の大幅議選増をもたらし，今回はその層が日本新党を中心に新党に投票したと考える。

(3) 新党躍進理由

『読売新聞』の調査（1993年8月8日実施）によると，新党躍進の原因（複数回答）を聞くと，1番多かったのは「うまくブームに乗ったから」44％，2位が「既成政党が飽きられたから」40％，3位は「清潔なイメージが強かったから」35％，以下「次期政権の行方に大きな影響を与える立場にあったから」25％，「各党幹部の個人的魅力が強かったから」16％，の順であり，理念や政策の評価よりも，イメージなど情緒的な面が追い風となって有権者をひきつけたようだ。主役の日本新党支持層が挙げた原因は，①既成政党に飽きたから50％，②清潔47％，次期政権への期待44％の順である〔7〕。

『毎日新聞』の電話調査（7月22日実施，1000人）では，今回，日本新党，新生党に投票した人の6，7割は，前回では自民，社会両既成政党に投票していた人であるとの結果が出ている。

これについて大嶽秀夫は，都市の新中間（主婦を含むというより主婦を中心とした）の支持の変化を新党躍進の第1の理由として挙げ，次のように主張する〔8〕。そもそもこの都市中間層は，利益政治によって支持を安定的に確保することが困難な階層である。利益政治に無縁であるだけに，マスメディアの影響を受けやすいこともあって，スキャンダルにはもっとも敏感に反応する。

スキャンダルの自民党，政権能力のない社会党の間隙をぬって，政治スキャンダルを最大の争点とした3つの新党が登場した。都市中間層の支持を得るためには，もっとも有利な戦略である。しかも，国際貢献や規制緩和，あるいは地方公権などのスローガンをちりばめながら，都市型政党のスタイルを演出している。

(4) 低投票率

投票行動研究の第一人者蒲島郁夫は，歴史的選挙であったにもかかわらず，投票率が67.26％の戦後最低を記録したことについて，都議選で見られた有権

者の「観客化現象」，すなわち選挙結果についてはテレビや新聞で関心をもって見るが，投票に行くための時間やコストはみずから払いたくないといった考え方が，都市部だけでなく全国的に浸透してきた結果と結論づける（〔9〕）。

石川真澄は次のように主張する（〔10〕）。今回の結果は，「自社」体制だけの終わりではなく，自社公民共の5党体制の限界であり，既成政党へ飽きと言えるものが，有権者側にとって，政界再編や，政治改革への期待を上回って低投票率をもたらした。つまり有権者には，一方に変化を求めて選挙のたびに投票政党を変える人々の群れがあり，他方には今までの支持政党に飽きやしらけを感じながら，支持を変えるより棄権する人々がいる。今回は後者の道を選ぶ人々がずっと多かった。

『毎日新聞』投票後の1000人のアンケート調査（7月22日実施）によると，棄権者全体に対し理由をたずねたところ，「他に用事があった」52.7％，「関心がなかった」30.8％，「抗議・批判の意思表示」16.5％である。

しかし前回に自民に投票した人にしぼると，今回，「抗議・批判」は30％に上った。したがって政治に対する抗議・批判の棄権者も考慮に入れる必要がある。

(5) 選挙と報道

今回の総選挙に大きな影響を与えた1つは都議選であった。告示日が衆院選挙と重なり，国政選挙以前に日本新党の20人当選が報道された。有権者932万人を抱える東京都は全国の有権者の10分の1の規模に当たり，そこに表われた民意は国政選挙の流れを先取する先行指標の役割を果たした。

今回の選挙では新聞各紙は大規模な世論調査を実施し，政党別議席推定数を発表し，新党の躍進，社会党の不振を予想した。そういう報道は有権者に大きな影響を与えたと考えられる。

『読売新聞』のアンケート調査（8月8日実施）でも，主にどのような情報をもとに投票する候補者を決めたかという質問に対し，「以前から支持している候補者（政党）だった」45％，「テレビのニュース報道」33％，「新聞のニュース報道」31％，「家族や知人の話」27％，「新聞の世論調査に基づく予測報道」

10％である。

　特に新生党，日本新党に投票した人のうち「テレビのニュース報道」を挙げた人は，それぞれ55％，65％と半数以上を占めている。

　『中国新聞』の7月19日の調査では「自民党公示前を上回る公算，社会党苦戦，日本新党大躍進」といった終盤世論調査報道に影響を受けたかとの質問に対し，「それなら自民党候補に投票しようと思った」9％，「それなら自民党以外の候補者に」7％，「それなら社会党の候補者に」4％など，棄権を含め何らかの影響を受けたとする回答は，合計で28％になった。

　以上，今回の総選挙の特質について若干の考察を試みてきた。東西冷戦の終了に伴う変化の波はわが国にも及んできた。自社両党のイデオロギーの隔たりは大きく，西ドイツの社会民主党やフランス社会党のように，西側の一員という立場をはっきりさせなかった日本社会党は，万年野党の地位にあった。

　逆に自民党支配は有権者がそれを強く意識していなかったとしても，経済的繁栄を背景に，自由主義体制の擁護という名目で容認されてきた。国民は腐敗に鼻をつまみながらも自民党に投票してきた面がある。だからこそ，55年体制は，冷戦の終結の結果その存在理由を失ったのである。

　ジェラルド・カーチスは「この国の歴史的政変劇の引き金を引いたのは羽田孜氏らだが，もっと根本的な原因は日本社会の変動と，経済発展，時代の要求でしょう」と述べている（〔11〕）。

　細川連立内閣が誕生したが，この内閣の手によって政治改革の1つとして小選挙区比例代表並立制が成立すれば，中選挙区制とまったく違った政党編成も考えられ，そうなれば中選挙区制での分析方法と異なった新しい分析が必要となるであろう。

▶参考文献

〔1〕　猪口孝「日本政治に二大課題」『読売新聞』1993年7月20日
〔2〕　白鳥令「総選挙は歴史の転換を示したか」『日本経済新聞』1993年7月19日
〔3〕　北岡伸一「金権政治変わりうる」『読売新聞』1993年7月10日
〔4〕　高坂正堯「党利党略優先の危険も」『日本経済新聞』1993年7月22日

〔5〕 曽根泰教「政権党の意味を問う」『This is 読売』1993年9月号
〔6〕 田中直毅「選挙結果,ここが変わった」『朝日新聞』1993年7月22日
〔7〕 『読売新聞』1993年8月8日
〔8〕 大嶽秀夫「政治の転換を考える⑥」『毎日新聞』1993年7月13日
〔9〕 蒲島郁夫「政治の転換を考える⑦」『毎日新聞』1993年7月20日
〔10〕 石川真澄「5党への飽き棄権で表明」『朝日新聞』1993年7月23日
〔11〕「ひと」『朝日新聞』1993年7月5日
〔12〕 小林良彰『公共選択』東京大学出版会,1988年
〔13〕 蒲島郁夫『政治参加』東京大学出版会,1988年
〔14〕 三宅一郎『投票行動』東京大学出版会,1989年
〔15〕 三宅一郎『合理的選択の政治学』ミネルヴァ書房,1983年
〔16〕 小林良彰『現代日本の選挙』東京大学出版会,1991年
〔17〕 綿貫譲治他『日本人の選挙行動』東京大学出版会,1986年
〔18〕 日本選挙学会『棄権の実証的研究』北樹出版,1992年
〔19〕 日本選挙学会『民主的選挙制度成熟へ向けて』北樹出版,1992年
〔20〕『選挙』1993年6月号・7月号

第3章　第41回総選挙（1996年10月）
―― 新制度の評価と問題点を中心に ――

1　はじめに

今回の選挙の意味は
①戦後50年をへて，21世紀の扉を開く選挙である
②戦後日本の「官」をふくめたあらゆるシステムが行き詰まっているときの選挙である
③国際社会のなかで日本の進路が厳しく問われているときの選挙である
④だれにとっても，身近でもっとも重い課題である高齢化社会を迎えているなかでの選挙である（〔1〕）
に加えて，小選挙区比例代表並立制の新選挙制度が，94年の公職選挙法改正で導入されて初めての選挙であると同時に，93年以降，連立政権時代に入って初の衆院選挙として，国民の審判を受ける意味があった。

このため，①2大政党制に傾くとされる小選挙区制，これに，中小政党の切り捨てにならないよう，民意の多様性も反映できる比例代表制を加味した制度が，どんな結果を生み出すか。

②政党，政策本位の選挙を眼目とした新制度だが，その趣旨は生かされるか。

③有権者は，3年余の連立政権にどんな審判を下し，また戦後の政治，経済，社会システムが行き詰まりを見せ，改革が迫られているなかで，どんな政権の枠組みを選択するのか。以上が争点となったが（〔2〕），結果は，第1に，投票率が59.65％（小選挙区）と戦後最低を記録し，国民の政治不信の根深さを改めて示した。自民党が復調したとはいえ，有権者に占める得票の割合，絶対

得票率で見れば，小選挙区選で22.4％，比例代表制で18.6％と，逆風で迎えた93年衆院選の24.3％をさらに下回っている。つまり自民党に投票したのは，有権者の約2割に過ぎない。

自民党への投票には，政治への安定を求める声も背景にあったと見られるが，これらの数字からは，むしろ他の政党に期待できそうにないという消極的選択の色合いが読み取れる。

第2は，社民党（旧社会党）が事実上歴史的使命を終え，その反面，総保守が衆院全体の約8割を占めるまでに勢力を伸長したことである。自民党，新進党，さきがけの議席を合わせれば，397議席で，定数500の79.4％を占める。これに保守系無所属，さらには民主党にももともと自民，さきがけだった勢力がいることを考えられば，その割合はもっと高くなる。

第3に，各党がこぞって行政改革の推進を公約に掲げ，さながら「行革選挙」の様相を示した。第4に，新選挙制度のため，わずかな得票の差が大きな議席差を生むという小選挙区制の特性は，自民党が38.6％の得票率で，56.3％の議席を得たことに如実に表われている（〔2〕）。

小選挙区比例代表並立制が提案された理由は，今日求められる選挙制度改革の具体的内容として，①政策本位・政党本位の選挙とすること，②政権交代の可能性を高め，かつそれが円滑に行われるようにすること，③責任ある政治を確保しうるよう，政権を安定するようにすること，④政権が選挙の結果に端的に示される国民の意思によって直接に選択されるようにすること，⑤多様な民意を選挙において国政に適正に反映させること，であった。

そして中選挙区制は，①，②および政治腐敗防止の観点から，今や排除すべきであるとする。

つまり中選挙区制では同一選挙区で同一政党から複数の候補者が出馬するために，非政策的な個人本位の選挙となり，選挙費用もかかる。しかもそこでは，長年にわたる政党の勢力状況が固定化し，政権交代が行われにくい原因となっており，それが結局は政治における緊張感の喪失と政治腐敗を招きやすくしているというのである。

これに対して，小選挙区制は②③④を満たすが，⑤の要請にはこたえられ

ないという特性と問題点を持っている。他方、比例代表制は、⑤の要求にこたえられるが、小党分立、連立政権への道を開き、③の要求にこたえない。したがって、小選挙区制を積極的に評価しながら、⑤の要求を満すものとして、小選挙区比例代表並立制が選挙制度審議会の答申として出された〔3〕。

本章では今回1回の選挙では結論づけることは早計過ぎると考えられるが、新制度の目的が今回の選挙で達成されたかどうかを中心に分析を試みた次第である。

2　立候補者像

(1)　総数，新人数

定数300の小選挙区には1261人，定数200の比例区には9政党の809人が届け出た。93年の中選挙区制の時は955人であったので大幅な増加であるが、新たに全国を11のブロックに分けて行われる比例区が加わったことが大きな要因であろう。

新人候補が全立候補者の64.4％にあたる968人にのぼり、現憲法下でこれまでに最多だった1949年（昭和24）の総選挙の865人を100人以上を上回った。また新人が候補者全体に占める割合も、1949年の総選挙を除けば40％台で推移し

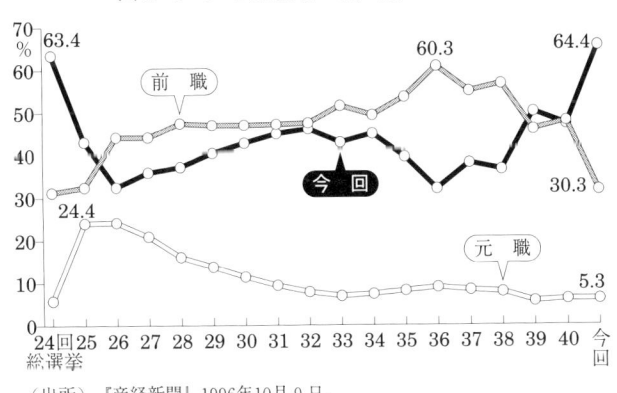

図Ⅱ-3-1　立候補者の新，前，元の割合

（出所）『産経新聞』1996年10月9日。

図Ⅱ-3-2 候補者の経歴

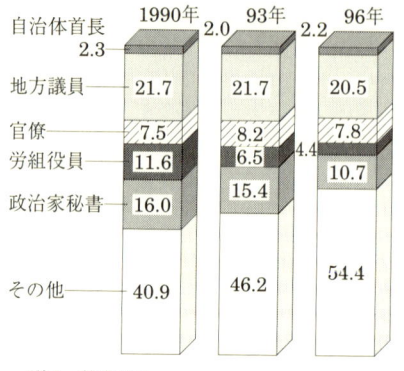

	1990年	93年	96年
自治体首長	2.3	2.0	2.2
地方議員	21.7	21.7	20.5
官僚	7.5	8.2	7.8
労組役員	11.6	6.5	4.4
政治家秘書	16.0	15.4	10.7
その他	40.9	46.2	54.4

（注）数字は％。
（出所）『朝日新聞』1996年10月9日。

ており，現憲法下では最高となった（図Ⅱ-3-1参照）。

背景には，比例代表制の新設など新しい選挙制度のもとで，世代交代の流れが強まる傾向にあることに加え，小選挙区制の導入で現職よりも地元に密着した候補者の方が優位になっていることや，新党ブームに沸いた前回選挙同様，民主党など新党結成で新人が出馬しやすい環境になっていることなどが影響しているとみられる（〔4〕）。

(2) 女性候補者

女性候補者は153人で全候補者の10.2％を占め，戦後最多だった1947年（昭和22）（第23回総選挙）の85人を大幅に上回った。小選挙区制導入で選挙区が増えたほか，届け出が個人から政党に変わり女性が立候補しやすい環境がつくられたことや，選挙の争点の見えにくさから政党が女性候補の集票力に期待したことなどが，記録を塗り替えた背景とみられる（〔5〕）。

(3) 年　齢

候補者の平均年齢は50.9歳と93年の前回総選挙より0.8歳若返った。年代別に見ると戦後生まれが，49.6％とほぼ半数に達し，世代交代が着実に進んでいることも特徴である（〔5〕）。

(4) 経　歴

全体的に見ると図Ⅱ-3-2で見る通り，前回は比率の減った自治体首長出身者が再び増えたのが特徴だ。選挙区が狭くなったのに伴い，地元への「密着度」が高い地方政治家が立候補しやすくなったためと考えられる。

図Ⅱ-3-3 各党候補者の出身基盤

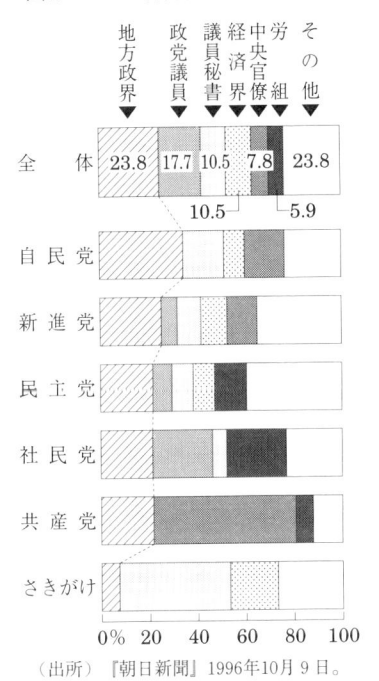

図Ⅱ-3-4 政党を変更した候補者の内訳

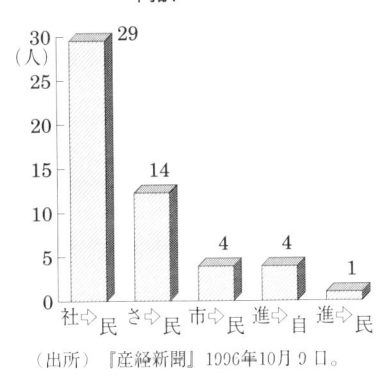

(出所) 『産経新聞』1996年10月9日。

(出所) 『朝日新聞』1996年10月9日。

政党別で見ると図Ⅱ-3-3となるが，どの政党も小選挙区で票を集めるのに有利である県議や市町村長など，地方政界出身者が高い比率を占めている。

また，今回の特色は公示直前に政党から政党への移籍や無所属の転出が相次ぎ，選挙後の政界再編を予感させるほどであった（図Ⅱ-3-4参照）。

世襲候補者は161人で，90年の169人に次ぐ多数である。

3 投票率

(1) 概況——戦後最低の投票率

投票率59.65%で戦後最低になった（図Ⅱ-3-5参照）。地域別に見ると東京，埼玉，神奈川，愛知，大阪，京都など大都市圏での投票率が軒並み50%台にとどまるなど，都市部を中心に無党派層の政治離れが顕著になっていることも原

図Ⅱ-3-5　衆院選投票率の推移

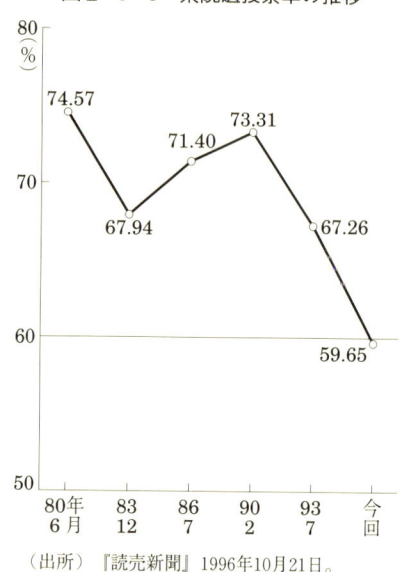

- 80年6月: 74.57
- 83年12月: 67.94
- 86年7月: 71.40
- 90年2月: 73.31
- 93年7月: 67.26
- 今回: 59.65

（出所）『読売新聞』1996年10月21日。

因と考えられる（これについては118ページ以下で詳しく考察する）。

朝日新聞社アンケート調査で、投票に行かなかった102人では、行かなかった理由として「時間がなかった」45人、「気が進まなかった」52人、「その他」3人という結果だが、気が進まなかったグループでも、自民党分裂前から現在まで、1度も支持政党がなかったのは約3割で、7割は1党から3党に対する支持を経験しており、決して政治に無関心なわけではない。政治の行方によって棄権者が再び投票所に向かう可能性はあると言える（〔6〕）。

(2) 低投票率の分析

小林良彰は低投票率の長期的理由として次のように主張する。

「政治不信が特定のものから広い対象に拡散し、かつ深くなったためです。振り返れば89年の参院選、90年の総選挙は、消費税も農政も何でも自民党が悪いという「政権担当者不信」だった。そこで、社会党などに投票したが、結局、何も変わらない。92年の参院選、93年の総選挙は「既成政党不信」の時代になり新党に向かった。

ところが選挙後、日本新党と新生党が公明、民社など既成政党と一緒になった。新党さきがけも既成政党に埋没した。既成政党が嫌いで新党に投票したのに……と、今度は「全政党不信、オール政治不信」になったのが95年の統一地方選でした。そこで選択されたのは政党ではなく、青島東京知事、横山大阪府知事ら無所属でしたが、2人とも期待外れだった。

そして95年の参院選以降は、ついに無所属を含め全部だめだということになり、代議制の中での選択肢がなくなった。このように次々と代替の投

票の方法を探しては裏切られた結果が今回だと思います。

　短期的理由としては，①小選挙区は論理的に政策論争が起きにくい制度なんです。中選挙区制は各候補者が有権者の中の右の方の票を得て当選しようか，左の方，あるいは真ん中と，多少でも政策の違いを掲げて当選できた。しかし，小選挙区制では，みんな真ん中を狙わないと選挙に勝てない。結局，政策が似通ってきて，有権者には選択権が与えられない。

　②選挙結果が読みやすいことです。今回も300の小選挙区のうち選挙戦の最後まで当落がわからなかったのは40ぐらいです。そうなると，勝ちそうな候補者に投票しようと思っていた人は，自分が選挙に行かなくても勝つと思う。逆もそうだから，投票に行かない」（〔7〕）。

三宅一郎は次のように主張する。

　「よく「天気」が投票率を左右すると言われます。しかし，今回は天候もほどほどで雨も降らなかった。これでは天候要因では説明できない。それでは政治不信が原因か，選挙制度が悪いのか，と論じられがちですが，それとも違うと思います。

　投票行動研究の立場から言うと，投票率には毎回の選挙では変わらない「土台」というものがあります。投票に行く義務感をもっている，政治的関心がある層ですが，こうした層がやせてきている。これは文化的，社会的現象です。もちろん，政治不信の要素はありますが，政治不信はすでに行き着くところまで行った。このキーワードだけでは説明できません。

　投票に行くという義務感，倫理が全体に下がっているのではないでしょうか。若い世代の価値観の変容の一環で，根が深い問題です。どうすればよいかとよく聞かれますが，やはり義務感の涵養が必要だとしか言いようがない。やさしく言えば，選挙に行くということを子どもに教えないといけないということです。投票率が低いからという観点で制度を論じるのは適当ではありません」（〔8〕）。

河合秀和も，「投票率の低下が政治不信の表れと見るのは少々短絡的と主張される。現実の選挙を見ると，低投票率の背景には，理屈で考えるよりも複雑な理由があったのではないか。例えば，同一政党の候補者が複数いた中選挙区

制とは違い、小選挙区制では1政党1人の候補者になりますと、これまで投票したことのない別の候補者に簡単に乗り換えられたでしょうか。棄権をした人もいたでしょう」（〔9〕）と主張する。

田中愛治は、「①新しい選挙制度は難しい、②政党の離合集散が激しく、選挙公報に見る政党名はなじみのないものばかりで、何と書いていいかわからないという平均的な有権者の心理を挙げ、さらに③報道が選挙後の権力構造をめぐる永田町の駆け引きに偏り、選挙制度改革の説明が不足した」（〔10〕）ためと主張する。

低投票率の解明は難問題であるが、今回の場合、①選挙制度が変わり、有権者が戸惑い、中選挙区制当時、応援した候補者が別の選挙区に回り、応援する人がいなくなり、過去に敵対していた人に投ずるために投票所まで足を運ぶ気がしないという人間の心理、②行革、消費税などの政策論争が一応戦わされたが、有権者にとって切実なテーマとは受け取られなかった、③1票の及ぼす影響力がなくなっているという政治の有効性への有権者の疑問、以上が低投票率の主な要因であろう。55年体制の崩壊で政党や政治の姿が分かりにくくなり、有権者の政治・政党離れの現象等が低投票率に何らかの影響を与えているものと考えられる。

4 選挙結果

(1) 概況

各政党の当選者と議席率、得票率は表Ⅱ-3-1の通りで、大政党が優位になる小選挙区制の特色がはっきり表われている。小選挙区の全国集計で自民党の得票率は39％であるが、議席比率は56％に跳ね上がっている。比例区全国集計の得票率が33％、議席比率が35％だからいかに実力以上の優遇を受けているかが分かる。

(2) 死票

投票した候補者が落選し、議席に結び付かなかった「死票」は小選挙区で有

表Ⅱ-3-1 各政党の当選者数と議席率，得票率

政党名	議席数		小選挙区			比例代表区		
	選挙前	選挙後	当選者数	議席率	得票率	当選者数	議席率	得票率
自 民	211	239	169	56.3%	38.6%	70	35.0%	32.8%
新 進	160	156	96	32.0	28.0	60	30.0	28.0
民 主	52	52	17	5.7	10.6	35	17.5	16.1
共 産	15	26	2	0.7	12.6	24	12.0	13.1
社 民	30	15	4	1.3	2.2	11	5.5	6.4
さきがけ	9	2	2	0.7	1.3	0		1.0
民 改 連	2	1	1	0.3	その他 6.7	0		その他 2.6
自由連合	2	0	0			0		
新 社 会	2	0	0			0		
諸 派	0	0	0					
無所属	10	9	9	3.0				

（出所）『朝日新聞』1996年10月21日．

効投票数の半数を超える3090万票にのぼり，死票率は54.6%にのぼった．中選挙区制だった前回と比べるとその増加は注目される．

　死票が多いことは，国民の意見を国会に反映するという点では大きな問題点であると考えられるが，堀江湛は次のように主張し，死票は問題ないという結論にいたっている．

　「小選挙区制は自分の選挙区の代表にふさわしい人を選ぶものでした．選挙区の質が高ければ厳しい選挙になるし，僅差で当選が決まるのは当然です．だから全国の選挙区を足して死票がこんなにあるといっても意味がない．僅差で決まる選挙区が多かっただけ甲乙をつけがたい候補者が激戦を演じるわけで，むしろ評価すべきだと思います．

　小選挙区で30%台の得票率の自民党が56%の議席を占めたことを問題視する向きもあります．小選挙区制は，迅速，適切な政策形成が行える政権作りが可能になるよう国会における政党の基盤づくりを狙っています．

　ある選挙の時点における有権者の多様な価値観をそのまま反映する議席の配置で政策形成の合意が難しい状況を作るのか，それとも有権者に政権が責任を負う政治を行えるようにするか．どちらを重視するかはデモクラ

シーに対する考え方の違いになります」（〔11〕）。

(3) 復活当選者

小選区で落選し，比例区で当選した復活当選者には3つの要素が絡み合う。①比例区での政党の得票数，②同じ党内での比例名簿順位，③小選挙区で当選者に対して何パーセントの得票をしたかを示す惜敗率，の3つである（8ページ参照）。

各党の全当選者のうち，復活当選者が占める割合は，自民党13.4％（32人），新進党1.3％（2人），民主党48.1％（25人），共産党61.5％（16人），社民党60.0％（9人），である。

3つの条件の組合せであるので，①惜敗率19.94％の候補者が当選，98.24％の候補者が落選した東京22区，1選挙区で3人当選した広島2区の場合等，制度の欠陥が指摘されている。

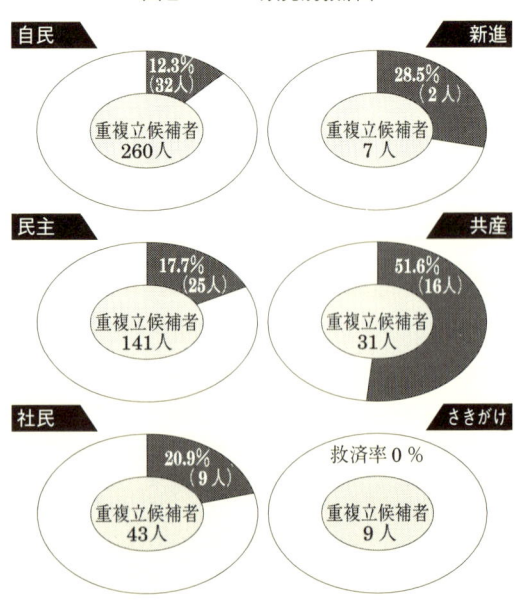

図Ⅱ-3-6 政党別救済率

自民	新進
12.3%（32人）／重複立候補者260人	28.5%（2人）／重複立候補者7人

民主	共産
17.7%（25人）／重複立候補者141人	51.6%（16人）／重複立候補者31人

社民	さきがけ
20.9%（9人）／重複立候補者43人	救済率0％／重複立候補者9人

（出所）『毎日新聞』1996年10月22日。

表Ⅱ-3-2　第41回総選挙衆院選における1票の格差

有権者数				格差
少ない選挙区		多い選挙区		
①島根3区	193,248	①神奈川14区	448,229	2.319
②島根1区	202,263	②東京22区	439,367	2.274
③高知3区	202,996	③愛知10区	438,162	2.267
④島根2区	203,747	④東京6区	436,645	2.260
⑤徳島3区	207,447	⑤愛知6区	435,036	2.251

（注）　格差は島根3区との比較。小数点4位を四捨五入。
（出所）　『朝日新聞』1996年10月7日。

なお，小選挙区で落選して比例代表で救済された当選者の割合を示す「救済率」は図Ⅱ-3-6で示される。

(4)　1票の格差

定数不均衡の是正が新制度採用の目的の1つでもあったが，表Ⅱ-3-2で示されるように有権者数がもっとも少ない島根3区ともっとも多い神奈川14区との「1票の格差」は2.32となり，復活当選議員を小選挙区代表と見なすと格差は2.7倍になる。

1：2未満を守れなかった原因は，300ある小選挙区を各県に配分する際に，初めに各県に1議席ずつ割り振り，純粋に人口に比例させなかったことにある。

5　当選者像

(1)　概況

世代交代も着実に進んだ。なかでも戦後生まれの当選者が181人と前回より増え，全当選者に占める比率が前回より7.6ポイント増の36.2％と初めて3割を起えた。

しかし平均年齢が上がり（前回総選挙の53.9歳より0.9歳上昇して），過去3回の総選挙で続いた若返り傾向はストップした。

新人は現憲法下の選挙で最高の969人が立候補したが，前回の134人より19人

下回り，全当選者に占める割合は前回（26.2％）を下回る23％になった。

女性候補者は前回の14人を上回る23人が当選したが，小選挙区の当選者は7人にとどまった。

(2) 出身基盤

当選者500人の内訳を見ると，地方政界152人（30.4％）ともっとも多く，次いで中央官僚74人（15％），議員秘書68人（13％）が続き，これら3者で全体の6割近くを占めている。幹部職員の収賄事件等に対する中央省庁批判の高まりとは裏腹に，手堅い選挙を繰り広げたことが浮き彫りになった。

また，世襲議員は前回より4人多い162人が立候補し，約4分の3が当選した。当選率はこれまで通り高く，地盤を引き継いだ有利さを示した。

(3) 首長出身

選挙前から指摘されていたことであるが，小選挙区制になれば人口30万から50万であれば，その市長や区長は毎日，公の費用で選挙運動をしているに等しいわけで，4月の新年度予算，6月の梅雨どき，8月のお盆，10月の秋，それぞれ年末と，1年に5～6回も市長の写真入りのビラを公報として全戸に配布することになり，（選挙になれば）圧倒的な強さを示すことになるであろう〔[12]〕。また，分割された15市区と，単独で小選挙区になる18の市区，合計33の首長は，小選挙区と同じ定数1の首長選挙で当選したわけだから，同じ選挙区域，もしくは市区が分割された衆院小選挙区に鞍替立候補すれば，当然当選確率が高い。

地方首長は予算の編成権と予算の執行権を握っている。その首長権限を，任期中に衆院選挙対策の布石に活用できる役得の効果は大きい〔[13]〕。そのため，首長の衆院小選挙区への転換が有利と予想され，結果も予想通りとなり，今後ますますこの傾向が進むことが予想される。

6 投票行動

(1) クロス投票

　現憲法下の総選挙で初めて「2票制」が導入されたが，小選挙区で投票した候補の所属政党と比例区での投票先が異なる人が2割を超えていたことが，投票者のアンケートで分かった。
　こうした「クロス投票」をした人は小選挙区で「人柄，能力を重視」，比例区で「期待する政治家がいる」と人物重視の傾向が強かった。
　三宅一郎は「2割というのは予想以上に高い数字だ。有権者の選択が広がるという点で，クロス投票には意味がある。選挙区が変わって支持する人がいなくなったとか，有権者のバランス感覚とか，さまざまな要素があるのではないか」〔〔6〕〕と分析している。

(2) 政党と地域

　11のブロックで行う新制度は，地域と政党との関係をこれまで以上にあきらかにすることとなった。自民は中国，四国で圧倒的な強さを見せ，新進党は近畿，東海，民主党は東京で強く，共産党は近畿，社民党も近畿，九州で強く，民主，共産が「都市型政党」という特色をあきらかにした。

(3) 無党派層

　図Ⅱ-3-7で見るように，89年，93年の両選挙とも無党派層がそのときどきの政治のあり方に敏感に反応し，しかも，その動きは選挙のあり方を左右するカギとなった。
　それに比べ，今回の選挙では，これといった特徴は見られない。それぞれの党によって濃淡はあるものの，各党が党勢に応じてまんべんなく無党派層の票を奪い合い，その結果，いわば無党派層の「分散現象」が生じている。冷戦構造の崩壊，さらにはその後の連立時代を経て，各党間の対立軸が急速に不鮮明になったことに加え，選挙戦でも大きな争点が見られなかったなかで，あるい

124　第Ⅱ部　選挙分析

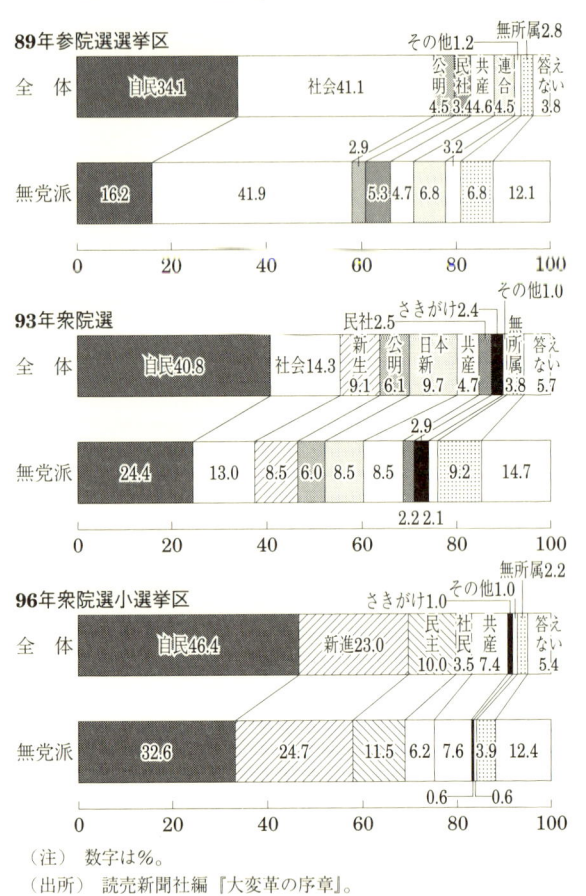

図Ⅱ-3-7　無党派層はどの政党に投票したか

89年参院選選挙区

全体：自民34.1／社会41.1／公明4.5／民社3.4／共産4.6／連合4.5／その他1.2／無所属2.8／答えない3.8

無党派：16.2／41.9／2.9／5.3／4.7／6.8／3.2／6.8／12.1

93年衆院選

全体：自民40.8／社会14.3／新生9.1／公明6.1／日本新党9.7／共産4.7／民社2.5／さきがけ2.4／無所属3.8／その他1.0／答えない5.7

無党派：24.4／13.0／8.5／6.0／8.5／2.9／9.2／2.2／2.1／14.7

96年衆院選小選挙区

全体：自民46.4／新進23.0／民主10.0／社民3.5／共産7.4／さきがけ1.0／無所属2.2／その他1.0／答えない5.4

無党派：32.6／24.7／11.5／6.2／7.6／3.9／0.6／0.6／12.4

（注）　数字は％。
（出所）　読売新聞社編『大変革の序章』。

は自民「大勝」ではなく「復調」が，無党派層の選択だったと言えるかもしれない（〔2〕）。

　そして，また同様の調査からは，無党派層の割合がますます増加している傾向もうかがわれる。

　しかし，そんななかでも民主党と新進党は，比較的無党派層の取り込みに強さを見せたことが図Ⅱ-3-8から推察される。

図Ⅱ-3-8　無党派層はどこに投票したか

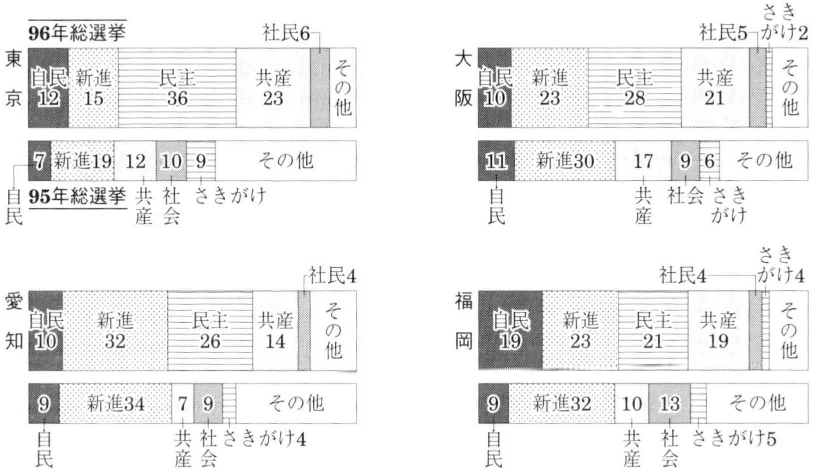

東京　96年総選挙
自民12｜新進15｜民主36｜共産23｜社民6｜その他

東京　95年総選挙
自民7｜新進19｜共産12｜社会10｜さきがけ9｜その他

大阪　96年総選挙
自民10｜新進23｜民主28｜共産21｜社民5｜さきがけ2｜その他

大阪　95年総選挙
自民11｜新進30｜共産17｜社会9｜さきがけ6｜その他

愛知　96年総選挙
自民10｜新進32｜民主26｜共産14｜社民4｜その他

愛知　95年総選挙
自民9｜新進34｜共産7｜社会9｜さきがけ4｜その他

福岡　96年総選挙
自民19｜新進23｜民主21｜共産19｜社民4｜さきがけ4｜その他

福岡　95年総選挙
自民9｜新進32｜共産10｜社会13｜さきがけ5｜その他

（注）比例区。数字は％。
（出所）『朝日新聞』1996年10月21日。

7　新制度についての諸見解

(1)　評価する立場

新制度の「生みの親」的役割を果たした堀江湛は次のように主張する。

「議院内閣制の場合，議会における多数派から総理が選出され，総理は主として議員のあいだから閣僚を選出して内閣を組織し，行政の最高責任者として行政を取りしきり，議会に対して責任を負う。従って，議院内閣制のもとにおける選挙制度を考える場合，その選挙制度は第1に選挙に際し，前政権に対する国民の評価，審判が選挙結果に，敏感に反映し，議会を通じて国民が内閣の政治責任を問うものでなければならない。選挙結果によって政権交代の可能性を保障される制度でなければならない。

　第2に議院内閣制のもとにおける選挙制度は，総選挙の結果，議会に安定した多数派で構成されることが望ましい。これは必ずしも単独政権のみを念頭においているわけではない。例えば連立を組む政党間の政策協定が

確固たるものであり、政党間の協力関係が安定している限りこれを排除する理由はない。

　第3に、社会の多元化、集団利害をめぐる社会的亀裂の錯綜という現実のもとで、少数派に対しても、代表選出の機会を保障し、多様な民意を国政の審議に反映し、公共政策の形成にこれを集約できる制度でなければならない。

　政権交代が生じやすく、なおかつ安定政権が成立しやすい選挙制度としては、小選挙区制を挙げることができる。小選挙区制は民意を正確に反映しないという議論があるが、これは代表の性格をどう考えるかということにかかっている。小選挙区制に共通する代表観は、代表という以上、少なくともその選挙区において有権者に最も多くの支持を得た者が民意の代表であるという単純明快な発想である。小選挙区制は選挙区で最も広く、多様な民意の集約に成功した者が当選を勝ちうるシステムだということができよう。

　しばしば小選挙区制では死票が多いという批判を受けている。しかし、海外の文献には、wasted vote といった記述がみられないわけではないが、死票という用法がみあたらない。それは僅差で落選したという事実は、批判票として当選した議員を絶えずおびやかし、在任中、これら批判の吸収に失敗し、十分な業績をあげなければ、次の選挙で当落が入れ代わるという可能性を秘めているからである。その意味では、落選候補に投じた票は死票ではない。小選挙区は単に選挙の当日のみならず日々有権者が主権者としてその政治的意見を国政に反映させることを保障する制度だということができる。

　小選挙区制のもとでは、選挙は候補者の中から代表を選択すると同時に、政党と政策を選択することを通じて、有権者は議会で多数党の党首が内閣を組閣するという意味で総理の選択をその手中にしている。小選挙区においては現職議員の支持率の低下は、多くの場合そのままライバル候補者の得票率の増加に通ずる。政権政党の候補者の得票率の減少は、反対党の得票率の増加、すなわち政権党の交代をもたらすことが多い。その意味では、

小選挙区制は政権交代をもたらしやすい機能をもっている。小選挙区制は政権交代の機能を保障し，安定政権をつくりやすいという点では優れた選挙制度である。

　比例代表は有権者の利害を集約して当選するというよりも，むしろ利害の対立を先鋭化させることによって当選するという点にあり，多党化になり，議院内閣制のもとにおける選挙のもつ機能のうち政権担当政党，即ち総理の選任を有権者の手に委ねるという機能は望みえないことになる。少数勢力に代表選出の機会を保障するという点ではメリットは大きいが，国民代表の理念を否定し，総理と政権党の選択を国民の手から奪い政権の合従連衡に委ねる結果になるというデメリットは否定しがたい」（〔14〕）。

　「今回の選挙についても，システム全般についていえば，中選挙区制との比較でも明らかに政党本位，政策本位になったと思います。

　従来の派閥選挙では政策の「せ」の字をいわなかった候補者が消費税や行政改革への取り組み方について触れるようになった。小選挙区制では選挙区で最高得点でないと当選できないから，有権者の支持を得るために何を訴えるべきか必死で考えた結果です。

　小選挙区制と比例区の組み合わせは確固とした理念を持って作った制度です。過半数政党を作り政治の安定と責任政治を確立するのに効果的な小選挙区と，少数党に一定の議席を保証する比例代表を組み合わせることで劇的な議席の変動を抑制し少数派を保証するというものです。今回の結果をみても小選挙区だけなら自民党はもっと議席率が高まるはずが，比例区で激変緩和の機能が働いたことがわかります。

　つぎに，都市型選挙区が増えたことです。都市の消費者の声が国政に強く反映されるようになった。しかし，厳しい選挙だから，ドブ板[*]にならざるを得ない面もあります。新制度の趣旨からいえば選挙の主体は各党の地域支部が担い，政党本位，政策本位の運動をしなければいけないのですが，全体としてまだ中選挙区型の運動をやっているという現実はあります」（〔11〕）。

---

[*]　細い路地の家々まで候補者がまわることをたとえて「ドブ板選挙」と言う。

田中善一郎は，重複立候補制度はむしろ現行制度の弱点を補完している面があることを指摘し，次のように主張する。

「まず仮に重複立候補を禁止したらどうでしょう。今の制度では比例は拘束名簿式ですから，政党が勝手に候補者と順位を決めていて，有権者は全く発信できない。今回の原則として重複を認めなかった新進党でも，名簿の上位に並んだのは特定の団体や労組の出身者が多かった。重複立候補は，確かに欠陥はあるが，惜敗率という形で，有権者の意思がそれなりにすくい上げられている」（〔16〕）。

後房雄は次のように新制度を評価する立場を採っている。

「選挙運動についてであるが従来のドブ板運動の激化の論調が目立っているが，たしかに1選挙区当たりの有権者数が少なくなっただけ，ミニ集会や「家庭訪問」の重視などより有権者と密着した選挙運動が展開したことは事実であろうが，そこでの訴えの内容が，依然として露骨な利益誘導ばかりであったのか，それとも，各政党の政策を訴える草の根運動という側面が出現していたのかを予断を排して検証してみる必要がある。

特に都市における新進党，民主党，共産党の候補者の訴えにおいては政策的主張の比重がかなり高かったと言いうる。

そして政策重視の選挙運動の効果のほどは，都市部の無党派層の投票政党としては民主党と新進党が1位，2位を争い，共産党3位，自民党4位にとどまったという各アンケートの結果から読み取れる。

次に選挙結果については，比例区では32.8％の得票しかなかった自民党が，議席数においては過半数近くを獲得したという点に，新しい選挙制度の効果が明瞭に示されている。

政党支持という意味での民意を大きく歪める結果だという批判も当然予想されるが，私たちが注目すべきなのは，その半面で，むしろそれだからこそ「政権選択」「多数派選択」という意味での民意が鮮明に表現されえたということなのである。議院内閣制では議会多数派が決定的な役割を果たす以上，今回その多数派が選挙後の政党間の密室談合によって決められるのではなく，選挙結果によって直接に決定されたことの意義は画期的に

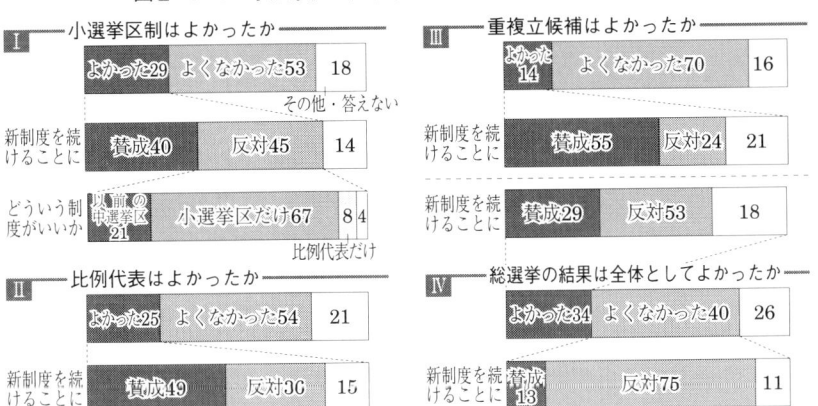

図Ⅱ-3-9 小選挙区・比例代表並立制についての世論調査

Ⅰ ─ 小選挙区制はよかったか ─
よかった29　よくなかった53　18
　　　　　　　　　　　　　その他・答えない
新制度を続けることに：賛成40　反対45　14
どういう制度がいいか：以前の中選挙区21　小選挙区だけ67　8　4
　　　　　　　　　　　　　　　　　　　　　　比例代表だけ

Ⅱ ─ 比例代表はよかったか ─
よかった25　よくなかった54　21
新制度を続けることに：賛成49　反対36　15

Ⅲ ─ 重複立候補はよかったか ─
よかった14　よくなかった70　16
新制度を続けることに：賛成55　反対24　21
新制度を続けることに：賛成29　反対53　18

Ⅳ ─ 総選挙の結果は全体としてよかったか ─
よかった34　よくなかった40　26
新制度を続けることに：賛成13　反対75　11

（注）　数字は％。小数点以下を四捨五入したため合計が100にならない場合がある。
（出所）『朝日新聞』1996年10月25日。

大きい。複数の政権選挙肢のなかでの有権者の直接的選択によってこうした結果が生まれたことの質的な新しさはどれほど強調してもしすぎることはない」（〔17〕）。

(2)　批判的な立場

有権者は新制度をどう受け止めただろうか。朝日新聞社の選挙直後の電話による世論調査の結果は図Ⅱ-3-9に示されている。

研究者の多くは批判的な意見である。その主なものを以下に列挙してみる。

石川真澄は、「国政選挙は国権の最高機関である国会を組織するために行われるものである。結果的には内閣総理大臣の間接選挙のような機能を果たすとしても、直接的には国会に国民の代表者を送り出すためが第一義である。そのような憲法の構造からみて、選挙制度に関して「代表」の性格を議論する以前に「政権」を論ずることは甚だしく本末を転倒するものであって、単なる見解の相違とするわけにはいかない問題である」（〔18〕）と堀江説を批判している。

三宅一郎は次のように主張する。

「小選挙区制と比例代表制とは全く違うもので、小選挙区比例代表並立

制でも直ん中に溝がある。だから乗り入れは好ましくない。小選挙区制は狭い範囲で地域代表を決めているから，どうしても人物は小ぶりになります。政治家2世が簡単に当選するなど，立派な政治家も育ちにくい。

だから比例制を利用して優れた政治家を育てることを考えなければならないのだが，特に自民党は組織中心の政党でなく，個人中心の集合であって，小選挙区の立候補で比例区を占領してしまった。比例区では選挙の得意でない人や優秀な政治家を育てるというせっかくのシステムが役に立っていない」（〔8〕）。

野中俊彦は「比例代表では議席獲得数と得票率とはほぼ比例している。これに対して小選挙区での両者のゆがみは一見しただけで明らかである。結局今回の選挙については，小選挙区の部分について，多様な民意を反映せず，死票が増えるというおきまりの短所がくっきり浮かび上がったのに対して，他方選挙民が政策を選挙できるという長所は，政党間の政策の違いの不透明さによってほとんど生かされることなく終った」（〔3〕）と主張する。

佐々木毅は「新制度の導入の際，最も大きな議論の的になったのは小選挙区制の是非であったが，重複立候補が批判の焦点となったため，むしろ比例代表制のあり方に焦点が移る傾向が見られる。重複立候補は小選挙制に対する現職議員たちの抵抗が比例代表制ににじみ出た結果に他ならず現在のような形で比例代表制を実施していけば，比例代表制への批判は高まるばかりであろう。同一順位で名簿を提出する制度を廃止することもテーマである。特に，惜敗率を使うというのは並立制という制度の枠組みとの関係でも無理がある」（〔19〕）と新制度を批判する。

山口二郎は「小選挙区制は政策本位の競争による2大政党制をもたらすはずであったが，自民党と新進党の間には，政策相違はほとんど存在しなかったし，また金のかからない選挙にするための導入であったが，選挙区が狭くなったぶんだけ濃密な後援会組織の強化と人的接触が行われ，資金集めの苦労は中選挙区以上であった。政党によるテレビ宣伝等いっそう金のかかるものとなった」（〔20〕）と主張する。

田中善一郎は「小選挙区はドブ板選挙にならざるを得ない。政策の対立がな

くなったため，地元の為に働くことが一番説得力を持ってくる」（〔21〕）と主張している。

8　むすびにかえて

　今回の選挙は，21世紀を目前にして行き詰まった官僚主導の政治，経済システムをどう立て直していくかが問われた，きわめて重要な選挙であった。だが各党が示した政策を読むかぎり選択の軸はもう1つはっきりしなかった。
　結果は自民党の勝利となったがその勝因は，
　①小選挙区制が大政党に有利な制度であった。特にミニ集会を中心にした地元密着型のきめ細かな戦術が功を奏した
　②党首のイメージが良かった
　③民主党の出現で，反自民が，新進，民主，共産の各政党に分散して自民党に有利になった
と考えられる。
　新選挙制度の導入については，「様々にその評価は分かれています。ある人は，この選挙制度の改革は国民の政治に関する合意（コンセンサス）と日本の政治的安定を破壊するものであり，戦後史における最大の愚行だと酷評する。別の人は，この制度によって，日本の政治の腐敗は一掃され，新しいより健全な議会制民主主義の基礎が築かれたのであって，この制度改革こそ日本の戦後史に一時期を画するものであると評価する」（〔12〕）というような主張が大方ではなかろうか。
　どういう選挙制度がいいのかその基準について，小林良彰は，「まず第1に民意を反映する選挙制度，つまり得票率と議席率の相関が高い選挙制度，また死票の割合が少ない選挙制度が良い。第2に政治家も選べる制度が望ましい。つまり，政党だけでなく，誰を政治家としたいのかということも有権者に選ばせる制度がいい。第3に，1票の格差がない選挙制度である。第4は，最近の有権者の低投票率からかんがみて，有権者の関心が高まるような選挙制度であればなお望ましい」（〔24〕）と主張する。

新制度の小選挙区制については実施以前から問題とされていた，死票増，選挙区が狭くなるので首長，地方議員出身者有利，新人が当選しにくくなる，世襲化が進む等は選挙結果でも証明され，比例区は政党の地域化が証明された。比例区を中心とした女性議員増は評価されるが，1票の格差は1：2以下にならず，お金のかからない選挙であったか疑問が残る。

　第8次選挙制度審議会の基本的立場は，①政策本位の選挙をすること，②政権交代の可能性を高め，かつ，それが円滑に行われるようにすること，③責任ある政治が行われるために政権が安定するようにすること，④政権が選挙の結果に端的に示される国民の意思によって直接に選択されるようにすること，⑤多様な民意を選挙において国政に適正に反映させること，であった。これらの条件を満たすものとして小選挙区比例代表並立制が採用されたが，果たしてそれが適正であったかを断ずるのは，今回のたった1回の検証だけでは不可能であり，また制度には絶対的なもの完全なものは存在しない。いずれも一長一短が存在する。今後数回の選挙を通じて改正を行わざるをえないと考える。今回の改正で評価されるのは，「連座制」の強化により，違反件数で71.4％，人員で72.0％減少したことである。巧妙な手口で摘発を免れたケースもあろうが，罰則強化も必要であることが証明されたと考えられる。

　新選挙制度を評価するか否かのものさしは議会の選挙において「民意の正確な反映」を第一義的と考えるのか，それとも単独政権による政権の「安定と円滑な政権交代」を優先的に考えるかという点にあると考える。

▶参考文献
〔1〕『朝日新聞』1996年9月28日
〔2〕　読売新聞社編『大変革の序章』読売新聞社，1996年
〔3〕　野中俊彦「小選挙区・比例代表並立制選挙の問題点」『ジュリスト』第1106号，1997年2月号
〔4〕『産経新聞』1996年10月9日
〔5〕『日本経済新聞』1996年10月9日
〔6〕『朝日新聞』1996年10月26日
〔7〕『日本経済新聞』1996年11月3日

〔8〕 『日本経済新聞』1996年10月27日
〔9〕 『日本経済新聞』1996年11月1日
〔10〕 『毎日新聞』1996年10月21日
〔11〕 『日本経済新聞』1996年11月24日
〔12〕 白鳥令編『小選挙区制で政治はどうなるか』リバティ書房，1995年
〔13〕 宮川隆義『小選挙区制比例代表並立制の魔術』政治広報センター，1996年
〔14〕 堀江湛編『政治改革と選挙制度』芦書房，1993年（同じ趣旨の論文は『選挙』第48巻3号にも掲載）
〔15〕 『日本経済新聞』1996年10月22日
〔16〕 『朝日新聞』1996年10月22日
〔17〕 石川真澄「小選挙区比例代表並立制を批判する」『選挙研究』第7号，北樹出版，1992年
〔18〕 佐々木毅「96年衆議院選挙結果の分析」『ジュリスト』第1106号，1997年2月号
〔19〕 山口二郎『日本政治の課題』岩波書店，1997年
〔20〕 田中善一郎「リレー討論 新制度の評価，並立継続なら重複も効果」『日本経済新聞』1996年11月17日
〔21〕 小林良彰「選挙制度改革の分析」『選挙研究』第7号，北樹出版，1992年
〔22〕 石川真澄『日本の政治はどうかわる』労働旬報社
〔23〕 小林良彰『現代日本の政治過程』東京大学出版会，1997年
〔24〕 三宅一郎『投票行動』東京大学出版会，1989年
〔25〕 自由法曹団編『検証小選挙区制』新日本出版社，1994年

第4章　第18回参議院選挙（1998年7月）

1　はじめに

　第18回参議院選挙は1996年以来およそ2年ぶりの本格的な国政選挙であった。この2年ほどの間に，橋本政権は行政改革など6大改革に取り組み中央省庁改革や金融ビッグバンなどで一定の成果を上げたが，半面，経済運営では特別減税の打ち切り，危機管理の発想を欠いた財政構造改革法などで不況が深刻化し，対策は後手後手に回った。

　この2年足らずの間の橋本政権の実績をどう評価するかがこの選挙の最大の争点であった。すなわち，衆院に続いて，参院でも自民党の過半数回復を国民が認めるのかどうか，選挙の焦点はこの1点にあった。しかし結果は，自民党は追加公認を含めても，改選議席61を大きく下回る45議席にとどまり，惨敗し，橋本内閣は退陣した。

　また低投票率も心配されたが，前回参院選（95年，44.52％）を大幅に上回る58.84％となった。

　本章においては，自民党大幅議席減並びに今回の投票率向上原因の究明を中心に，わが国における投票行動の特色研究とともに，選挙制度の問題点，候補者，議員像等についても論及したい。

2　立候補者像

(1)　概　要

　立候補者数と比例代表の届け出政党数の減少傾向が続いている。選挙区と比

例代表を合わせた候補者は474人で，前回より93人少ない（図Ⅱ-4-1参照）。比例代表に候補者を立てる政党自身が14と，前回より9減少したことが影響している。1983年，参院に比例代表制が導入されて以来，届け出政党は89年にピークの40を数えたが，前回から目立って減っている。

減少の理由としては，①前回から，供託金が比例代表の場合，1人当たり200万円増の600万円になった，②1997年の公選法改正で新聞に掲載された政策広告の公費負担が廃止され，選挙経費の負担が増えた，などで資金力のない団体に不利になってきていることがあげられる。

図Ⅱ-4-1　減り続ける候補者

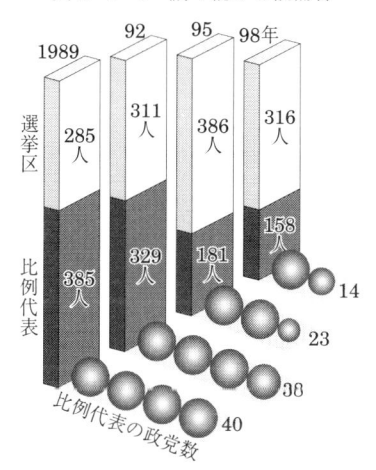

年	選挙区	比例代表	比例代表の政党数
1989	285人	385人	40
92	311人	329人	38
95	386人	181人	23
98年	316人	158人	14

（出所）『毎日新聞』1998年6月26日。

(2) 出身基盤

候補者474人を出身基盤別に見ると，地方政界が78人（構成比16.5％）でトップ。政党職員が77人（16.2％），官僚49人（10.3％）と続く。

政党別では，自民党は地方政界が35人（40.2％）で1番多く，官僚の26人（29.9％）と合わせると70.1％で前回より6.5％多い。特に中央省庁出身者は比例代表名簿に前回と同じ12人を登載した。最近の相次ぐ汚職事件や野党の「政官癒着」の批判にもかかわらず，業界への支持の浸透を狙って官僚OBに期待したかたちだ。

一方，労組出身者は民主党で12人と全候補者の25.0％を占めており，社民党でも8人（21.6％）に達する。両党とも労組依存のイメージを避けたかったようだが，結局は組織票をあてこんだ労組頼みにならざるをえなかった実態がうかがえる。公明党と共産党は政党職員出身が圧倒的に多い。

(3) 年　齢

　95年に50.8歳だった立候補者の平均年齢は今回52.8歳となり，やや高年齢化した。もっとも多いのは，50歳代で171人（構成比36％），次いで60歳代で116人（25％），30歳代は59人にとどまった。

(4) くら替え候補

　今回の参院選で目立つのは以前に衆院議員だった人が立候補する「くら替え」候補が多いことだ。立候補者のうち前衆院議員と元衆院議員は選挙区で18人，比例代表10人の計28人に達し，3年前の前回参院選の10人に比べ，3倍弱にのぼる。この変化は，衆院に前回総選挙から導入された小選挙区比例代表並立制と無関係ではない。小選挙区制の下では，いったん落選した候補は次回総選挙で公認を取りにくい状況があり，国会議員の地位を回復したい前・元職が参院選に回る事情があるようだ。

(5) 女性候補者

　女性候補は前回比14人減の110人にとどまったが，全候補に占める割合は23.2％と過去最高となった。89年選挙の「マドンナ旋風」が去った今でも女性の政界進出は強まっているようで，政党別では前回と同様，共産党が最多の30人を擁立した。

(6) タレント候補

　芸能人やスポーツ選手などのいわゆるタレント候補は選挙区と比例代表を合わせて18人で，95年の前回参院選に比べて8人減った。投票率が下がり浮動票が減るなかで，政党側はタレント候補の集票力への期待が薄れている。芸能人などの側でも政治不信の風潮を受けて，政界進出に魅力を感じなくなっているという事情があるようだ。

3　投票率

(1)　概　要

　注目されていた投票率は前回を大きく上回り，1990年の総選挙以来見られた各種選挙での投票率の低落傾向に歯止めがかかった（図Ⅱ-4-2参照）。選挙区ごとの投票率を見ると，50％台と60％台に集中しており，全体に底上げされた。すべての都道府県で投票率が50％以上で，自民党が大敗した89年の参院選に，より近いと言える。投票時間の延長など環境が改善されたこともあるが，有権者の関心の高さが投票行動につながったとみられる。とはいっても依然として低投票率であることには変わりはない。

(2)　低投票率の原因

　低投票率の原因については，「政治的無関心が低投票率を生み，低投票率の結果として選挙は組織対組織の戦いとなり，その結果，特定の業界や宗教団体，さらに労働組合などの，組織された利益だけが優先的に代表されることになる。しかし組織に加入している有権者は国民の中で少数だから，一般国民はそのような選挙の結果を国民の意思を正しく代表していないものと考えるようになる。さらに固定組織に依存した選挙が常に同じ結果をもたらすこともあって，国民は選挙そのものを忌避するようになった。これが低投票率の「拡大再生産」のメカニズムである」（〔1〕）とか，「日本だけでなく，先進民主主義国に共通する問題です。低成長による財政危機で選択の幅が小さくなり，政策の違いがはっきりしない上に，情報化が進み人々の関心を政治

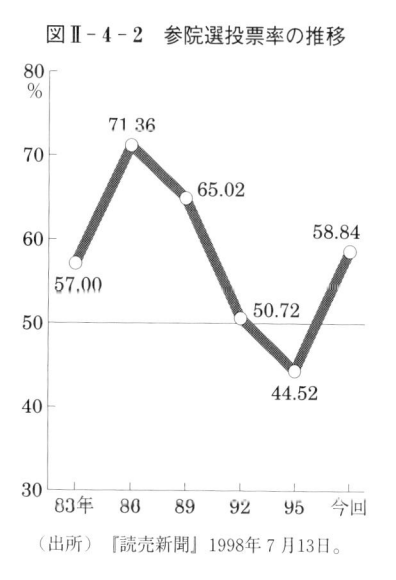

図Ⅱ-4-2　参院選投票率の推移

年	投票率(%)
83年	57.00
86	71.36
89	65.02
92	50.72
95	44.52
今回	58.84

（出所）『読売新聞』1998年7月13日。

表Ⅱ-4-1 参院選投票率

	投票率(%)	前回との差
1947 亥年	61.12	
1950 寅年	72.19	11.07
1953	63.18	−9.01
1956	62.11	−1.07
1959 亥年	58.75	−3.36
1962 寅年	68.22	9.47
1965	67.02	−1.20
1968	68.54	1.52
1971 亥年	59.24	−9.30
1974 寅年	73.20	13.96
1977	68.49	−4.71
1980	74.54	6.05
1983 亥年	57.00	−17.54
1986 寅年	71.40	14.40
1989	65.02	−6.38
1992	50.72	−14.30
1995 亥年	44.52	−6.20
1998 寅年	58.84	14.32

(出所)『世界』1998年9月号, 51ページ。

や選挙に引きつけるのが難しくなった。情報が爆発的に増えた現在,「関心」は希少価値になった」([2])と分析されたり, 具体的には「社会が豊かになり, 個人の生活と政治の関わりについての意識が希薄になり, 投票義務感の減退, 政治的無関心の増大を招いていること, 政治と金を巡る事件が度重なったことに加えて, 55年体制が終焉し, 政党間の政策の相違が不明確になるとともに, 政党の離合集散, 思いも寄らなかった連立政権の登場等があったことによって政党不信, 政治不信が進んだ」([3])ことを指摘する人もいる。

特に前回の第17回参院選挙は, 12年に1回, 統一地方選挙と通常選挙が重なる年で, 1959年(昭和34)以降重なる年に行われた参院通常選挙はいずれも低い投票率を示している(重なる年が"亥年(いどし)"にあたるため亥年現象とも呼ばれる)(表Ⅱ-4-1参照)。

(3) 投票率上昇理由

今回も多くの研究者, マスコミは低投票率を予想した[*]。しかし結果的には58.84%と92年, 95年を上回る投票率になった。その理由として次の3つの点があげられる。

①有権者の意識変化

『朝日新聞』の世論調査によると, 選挙のときの1票に政治を動かす力があ

---

[*] 例えば田中愛治は『朝日新聞』1998年7月6日「論壇」で投票率42%前後と予測。『日本経済新聞』も6月1日付で前回44.5%より下回ると予想, 橋本晃和も50%を切ると予想(『朝日新聞』7月7日)。

ると思うかどうかたずねたところ、「ある」が52％、「ない」が35％となった。同様の質問をした過去の結果と比較すると、「ある」が大きく増え、初めて半数を超えた。

　投票率低下の一因は「投票しても政治はよくならない」という無力感だ。「1票の力」をめぐってこれまで3回、同じかたちの質問文で聞いている。89年参院選後では「ある」45％、「ない」50％、細川政権下の93年調査では「ある」42％、「ない」53％、前回の参院選直前には「ある」35％、「ない」59％で無力感は強まっていた。今回の調査ではこうした傾向は反転し、「ある」が「ない」を大きく上回った。このような状態について西沢由隆は「これまでの選挙では、義務感から投票する人が多かった。ところが今回は権利としての投票を行った有権者が増えたといえる。これからの民主主義のありかたを占ううえでも大切な選挙になった」（〔4〕）と述べている。

　特に、定数3～4人の都市部が投票率が高く、高くなった原因は無党派層が投票に行き、野党特に民主党、共産党に投票したことが予想を大きく変化させた理由と考えられる。

②選挙法改正

　今回から投票時間を2時間延長して午前7時から午後8時まで、幼児や介護人同伴の投票を認める、旅行・レジャーでも不在者投票ができる、不在者投票を3時間延長して午前8時半から午後8時までと改正した。

　その結果表Ⅱ-4-2が示すように、不在者投票数が急増した。不在者投票というより投票日が延長され、まるで17日間「投票日」が続くような状態となった。不在者投票が最終的には400万票を超え過去最高となった。

　また投票時間延長も投票率向上の大きな原因となった。

　しかしこれに対して井堀利宏は「今回の投票率の上昇は、必ずしも投票時間の延長など制度改正の結果であるとはいえない。以前の投票制度であっても、投票率は上昇したと考えられる」と述べているが、その理由を読んでみると、結果的には、「投票条件の緩和は多少は効いている」と述べている（〔5〕）。

③啓発運動

　今回の選挙で注目されるのは、投票率低下を心配して、作家石川好を中心に

表Ⅱ-4-2 不在者投票者数の伸び

都道府県名	倍率	都道府県名	倍率	都道府県名	倍率
岡山	11.0	愛知	4.7	秋田	2.6
山口	7.5	千葉	4.3	山形	2.4
大阪	6.5	宮城	4.3	愛媛	2.4
東京	5.4	福岡	3.4	兵庫	2.4
岐阜	5.4	滋賀	3.2	福島	2.2
京都	5.0	長野	3.2	群馬	1.8
宮崎	4.9	石川	2.9		
和歌山	4.8	富山	2.7		

(注) 前回との比較。都道府県全域の比較ができるものが対象。集計期間は3日間から10日間までで,自治体によって異なる。
(出所) 『朝日新聞』1998年7月6日。

「選挙に行こう勢！」と呼びかける運動や，立候補者を集めた公開討論会や合同演説会が，市民団体の手で盛んに開かれたことに加えて，行政側も投票率アップのために，若者を狙いFMに広告を出したり，子連れ向けPRヨーヨーを準備したり，鹿児島県鹿屋市選管は，20～24歳の若者の投票率当てクイズを計画実施した（〔6〕）。各自治体とも，投票開票事務を含めて，若者向けに明るい選挙ムードを企画したことが高投票率の遠因になったと考えられる。

(4) ダウンズの法則と枚方市の場合

ダウンズは有権者が投票に参加するかどうかを決定するものとして，4つの要因をあげている。それは，(1)自分の投票の重要性，(2)政党間の期待効用差，(3)投票コスト（有権者が投票に参加するために必要なコスト，例えば投票にかかる時間，費用など），(4)長期的利益である（〔7〕）。

(3)の投票コストを例にとれば，投票所が近くで便利な所であれば投票率が向上すると仮説できる。

枚方市では今回の選挙から3つの投票所を増設したが，いずれも市内の平均投票率（60.38％）を超える結果となった。

たった3つの例であるが，ダウンズの法則が一応適用できる結果となった。

4 選挙結果

(1) 概　要

　改選126議席のうち自民党の獲得議席は追加公認を含めて45人にとどまった。自民党系無所属2人を含めても47。非改選58議席と合わせた同党の勢力は過半数に22議席足りない105議席で，安定した国会運営のためには他党との連携が不可欠な情勢となった。

　民主党は改選数より9議席多い27議席を獲得した。選挙区でまんべんなく議席を確保したうえに，比例代表でも1200万を上回る票を集め，自民党に迫る12議席を取った。

　共産党も96年衆院選の比例代表を100万票近く上回る819万5000票を集め，改選数より9議席多い15議席を獲得。民主党に続く野党第2党に躍進した。自由党も6議席を獲得し，選挙前勢力を1議席増やした。

　一方，公明の獲得議席は改選数より2議席少ない9だった。社民党は選挙区と比例代表を合わせた獲得議席が5にとどまり，選挙前勢力を一気に7議席減らした。

　他の政党は無党派層の票の大部分を民主党や共産党に吸収され，全敗した（表Ⅱ-4-3参照）。

(2) 比例代表区

　自民党の比例代表の相対得票率（投票者総数に占める得票数の割合）は25.17％となり，比例代表制度が始まった83年以来最低となった。絶対得票率（有権者総数に占める得票数の割合）も14.26％で，前回の95年（11.47％）に次ぐ低い水準となった。したがって前回の15議席から1議席減らし，14議席となった。得票率は1420万票で前回より約300万票増加しているが，有効投票総数も1500万票増加しており，その2割程度しか吸収できなかった（表Ⅱ-4-4参照）。

　都道府県別に前回（95年）と比べると，減少している都道府県が36に上って

表Ⅱ-4-3　党派別の新勢力分野

	新議席	〔参　院〕				〔衆　院〕	現議席
		当選者数	選挙区	比例代表	非改選		
自　民	103	45	31	14	58	自　民	263
民　主	47	27	15	12	20	民　主	92
共　産	23	15	7	8	8	平和・改革	47
公　明	22	9	2	7	13	自　由	40
社　民	13	5	1	4	8	共　産	26
自　由	12	6	1	5	6	社民・市民連合	15
さきがけ	3	0	―	0	3	無所属の会	5
改革ク	3	―	―	―	3	さきがけ	2
二院ク	1	0	―	0	1	無所属	9
新社会	0	0	0	0	0	欠　員	1
諸　派	0	0	0	0	0		
無所属	25	19	19	―	6		
合　計	252	126	76	50	126	合　計	500

（注）　追加公認を含む。衆院は院内会派の勢力とした。
（出所）　『日本経済新聞』1998年7月13日。

おり，自民党の退潮ぶりがありありだ。ワースト10に1人区が7つもあり，自民党が，これまで厚い支持基盤を誇ってきた農漁村部でも不振だったことが分かる。

　一方，民主党の比例代表の相対得票率は21.75％だったが，前回の新進党（30.75％）や89年の社会党（35.05％）に及ばなかった。共産党の比例代表の相対得票率は過去最高の14.59％，公明党は13.80％で，83年の731万票に届かなかった。

(3)　選挙区

　選挙区の各党の相対得票率を見ると，自民党は比例より5.28ポイント高い30.45％。逆に民主党は5.55ポイント低い16.20％となった。共産党以外の野党では選挙区より比例区の得票率の方が高くなる傾向があり，有権者側が選挙区と比例区の2票を使い分けていたことがうかがえる（表Ⅱ-4-5参照）。

　選挙区の党派別当落状況を見ると，自民党は無党派層の多い都市部で敗退，

表Ⅱ-4-4　比例代表党派別得票数

	得票数	得票率%	前回%
自　民	14,128,719	25.17	27.29
民　主	12,209,685	21.75	—
公　明	7,748,301	13.80	—
社　民	4,370,761	7.79	16.92
共　産	8,195,078	14.60	9.53
自　由	5,207,813	9.28	—
さきがけ	784,591	1.40	3.58
新社会	925,661	1.65	—
二院ク	579,714	1.03	3.15
青自党	247,355	0.44	0.55
女性党	690,506	1.23	
自由連	514,589	0.92	—
新　風	56,966	0.10	
スポ平	477,284	0.85	1.33
計	56,137,023	100.00	100.00

（出所）『日本経済新聞』1998年7月13日。

表Ⅱ-4-5　選挙区党派別得票数

	得票数	比率%	前回比率
自　民	17,033,851	30.45	25.40
民　主	9,063,939	16.20	—
公　明	1,843,479	3.30	—
社　民	2,403,649	4.30	11.85
共　産	8,758,759	15.66	10.38
自　由	980,249	1.75	—
新社会	577,458	1.03	—
諸　派	2,386,710	4.27	37.66
無所属	12,887,963	23.03	14.72
計	55,936,057	100.0	100.0

（出所）　表Ⅱ-4-4に同じ。

　民主党が都市部を中心に自民党への批判票を取り込んで票を伸ばし，はっきりと明暗を分けた。

　自民党が選挙区選挙で獲得した議席はすべて1人区か2人区である。しかしその1人区の半数で前回と比べて相対得票率が低下，自民党の牙城と言われてきた地域で苦戦を強いられたことが響いた。民主党は1人区での議席はゼロだったが，3，4人区で6議席を確保した。

　7議席をとるなど順調に議席を増やした共産党も5議席は3，4人区での獲得である。

　また，改選議席が2～4人の複数区について，自民党は前回選挙では候補者を1人にしぼったが，今回は議席増と比例代表の得票の上積みを目指して積極的に2人擁立した。しかし，共倒れが目立っただけでなく，相対得票率を見ても，大半が低下しており，自民党の不振を象徴するかたちとなった（図Ⅱ-4-3，図Ⅱ-4-4参照）。

144　第Ⅱ部　選挙分析

図Ⅱ-4-3　自民党2人擁立による比例票上積み効果

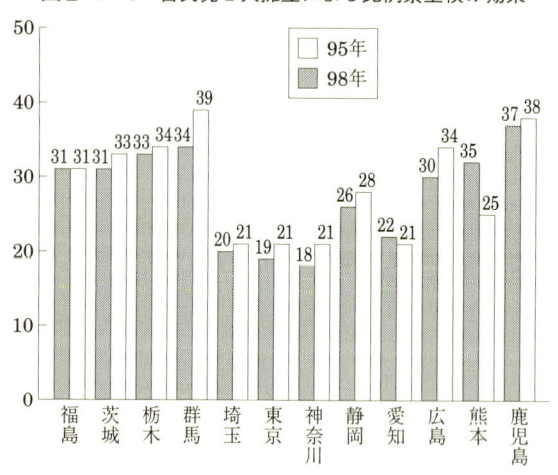

県	95年	98年
福島	31	31
茨城	31	33
栃木	33	33
群馬	34	34
埼玉		39
東京	20	21
神奈川	19	21
静岡	18	21
愛知	26	28
広島	22	21
熊本	30	34
鹿児島	25	35
	37	38

(注)　小数点以下，四捨五入。
(出所)　『読売新聞』1998年7月14日。

図Ⅱ-4-4　1人区での自民党の得票率

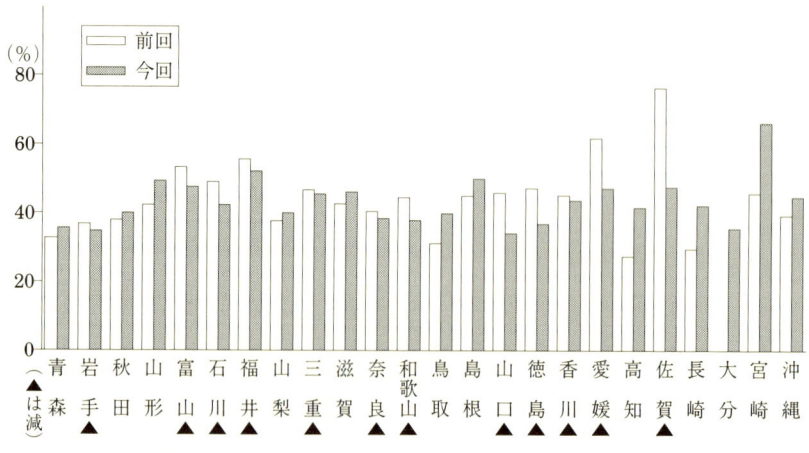

(注)　前回の岩手，滋賀，奈良，鳥取，沖縄，今回の岩手，三重はいずれも自民党推薦の無所属候補。大分は前回，候補を立てていない。
(出所)　『日本経済新聞』1998年7月14日。

表Ⅱ-4-6　参院選挙区別の議員1人当たり有権者数と格差

多い選挙区(人)		鳥取との格差	少ない選挙区(人)	
①東　　京	1,205,420	4.99	①鳥　　取	241,400
②千　　葉	1,156,588	4.79	②島　　根	301,363
③大　　阪	1,151,038	4.77	③福　　井	322,263
④北 海 道	1,133,731	4.70	④高　　知	328,517
⑤神 奈 川	1,107,441	4.59	⑤徳　　島	331,364

（注）　6月24日現在，格差は小数点第3位を四捨五入。
（出所）　『読売新聞』1998年6月26日。

(4)　選挙協力

　今回の野党の選挙協力は前回の17選挙区より倍増の35選挙区43人で行われ，22選挙区の22人が当選した。今回の選挙協力のうち，公認候補を他党（参院選の候補者がいる主要7党に限定）が推薦・支持したのは14選挙区17人，無所属候補を複数の政党が共同・支持したのは24選挙区26人であった。

(5)　1票の格差

　参院議員1人当たりの有権者数がもっとも多いのは東京選挙区の120万5420人。最少は鳥取選挙区の24万1400人（表Ⅱ-4-6参照）。「1票の価値」の最大格差は4.993倍で，前回参院選挙時の4.996倍からわずかに縮まった。その結果今回においても，東京選挙区で62万3483票を集めた候補者が落選し，12万8085票で当選する候補者が出た。その差実に約50万票である。

　しかし，最高裁は95年7月の参院選の選挙区の配分について，(ⅰ)国会が決めた都道府県単位の議席配分にも合理性があり，投票価値の原則の後退もやむをえない，(ⅱ)94年の「四増四減」改正で格差は縮小し，憲法上見過ごせないほどの不平等とは言えない，として合憲の判決をした。しかし，基本的人権としての「法の下の平等」を根拠に投票価値の平等を極力重視し，「それと対比すれば都道府県代表要素は，はるかに劣位の意義しかない」と主張する5人（14人のうち）の裁判官の反対意見もあり，議論のあるところである（〔8〕）。

146　第Ⅱ部　選挙分析

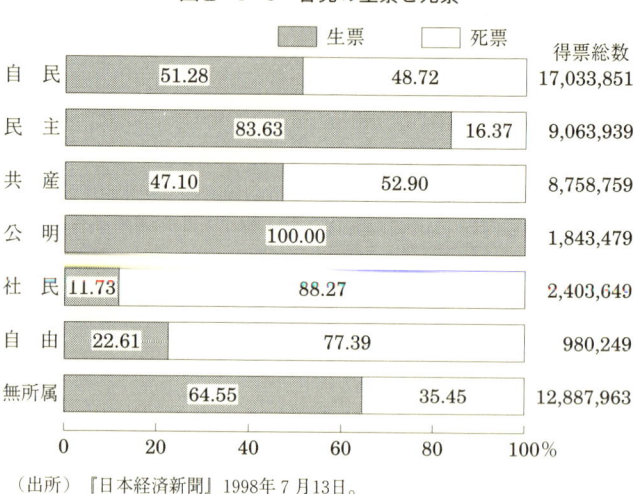

図Ⅱ-4-5　各党の生票と死票

党	生票(%)	死票(%)	得票総数
自民	51.28	48.72	17,033,851
民主	83.63	16.37	9,063,939
共産	47.10	52.90	8,758,759
公明	100.00		1,843,479
社民	11.73	88.27	2,403,649
自由	22.61	77.39	980,249
無所属	64.55	35.45	12,887,963

（出所）『日本経済新聞』1998年7月13日。

(6)　生票と死票

　得票が議席獲得につながった「生票」と，つながらなかった「死票」の割合からも自民の大敗ぶりがうかがえる。民主は，「生票」率が，83.63%と高く2人を擁立した神奈川，愛知で2議席を制したことや，東京で初の議席を獲得したことが大きく影響した。公明はもっとも効率的な戦いをし，社民，自由とも「死票」が多くなった（図Ⅱ-4-5参照）。

5　当選者像

(1)　概　要

　当選者は無所属を除いては案外新人は少なく，現職者の選挙の強さがうかがわれる（表Ⅱ-4-7参照）。
　出身別では地方政界が前回95年に続きトップで，官僚OB，政党職員と続く。自民党では他党に比べ地方政界出身者や官僚OBが目立ち，民主，社民両党では労組出身者が多数を占めているのが特徴である。
　当選者の平均年齢は56.4歳。大きな特徴は50歳代が前々回（1992年）の35人，

表Ⅱ-4-7　98年参院選の当選者数

改選計	合計		女性	選挙区				比例代表				非改選	改選後	改選前
				計	現	元	新	計	現	元	新			
61	自	民	44（2）	30	17	—	13	14	6	—	8	58	102	119
18	民	主	27（4）	15	4	1	10	12	8	1	3	20	47	38
11	公	明	9（2）	2	2	—	—	7	4	—	3	13	22	24
12	社	民	5（3）	1	1	—	0	4	3	0	1	8	13	20
6	共	産	15（7）	7	1	—	6	8	2	1	5	8	23	14
5	自	由	6（0）	1	—	—	1	5	2	0	3	6	12	11
0	さきがけ		0（0）	—	—	—	—	0	—	—	0	3	3	3
3	新社会		0（0）	0	0	—	0	0	0	—	0	3	3	3
0	改革ク		—（—）									3	3	3
1	一院ク		0（0）					0	—	0	0	1	1	2
—	諸	派	0（0）	0	—	—	0	0	—	—	0	—	0	—
7	無所属		20（2）	20	5	2	13					6	26	13
124	合	計	126（20）	76	30	3	43	50	25	2	23	126	252	250

（注）　分類は原則として所属党派によるため国会内会派とは一致しない。「改選」「改選前勢力」
　　　（欠員2除く）の数は，議長を所属政党に戻した（副議長は在任中に所属政党が消滅したため
　　　無所属扱い）。
（出所）　『毎日新聞』1998年7月13日。

前回（1995年）の41人から，今回は57人と右肩上がりに増え全体の45％を占めた点。

逆に前々回は26人，前回は27人と，20人台で，推移していた40歳代が14人とほぼ半減した。

親や兄弟などが国会議員という世襲候補のうち，当選したのは14人だった。過去4回の参院選と比べて，もっとも少ない。内訳は自民党7人，民主党2人，無所属5人である。

(2)　くら替え当選者

一昨年の衆院選で落選した前代議士と元代議士が17人当選した。「くら替え」の成功率は6割を上回っており，小選挙区選挙ではじき出された政治家たちの救済の場という色合いも帯びたようだ。

くら替え組は無所属が多く，立候補した11人のうち8人が当選した。

このうち6人が旧新進党からの出馬組で1人をのぞいてすべて，民主党と公明党からの推薦を受けていた。知名度に加え，有権者の自民党批判が追い風となったとみられる。このほか比例区で公明党から2人が当選した。

(3) 女性当選者

今回は110人の女性候補者のうち20人が当選した。当選率は18.2%で，史上最高の146人が立候補して22人が当選した「マドンナ旋風」の1988年（平成元）参院選（当選率15.1%），124人のうち21人が当選した1995年（平成7）参院選（同16.9%）を上回る「第3のマドンナ旋風」とも言える状況。非改選を加えた参院の女性議員は43人で定数の17.1%を占め，過去最高の比率となった。

6 むすびにかえて

(1) 自民党大敗の原因

①無党派層の投票参加

今回参院選における自民党の敗北の原因は，投票率の大幅アップによって，大量の無党派層が足を運んだためと言われる。蒲島郁夫の分析によると，投票率の大幅アップによって，大量の無党派層が流入したかどうかを知るためには，前回棄権したが今回投票した人のプロフィールと，その投票行動に関する情報が必要で，そのため朝日新聞社の出口調査をデータに分析をすると，図Ⅱ-4-6は，前回は棄権したが今回は投票した人の普段の政党支持と今回投票した政党（比例区）を示している。普段の政党支持では，無党派層がもっとも多く56%を占めている。自民党が14%，民主が11%である。

また，彼らの投票政党を見ると，民主党がもっとも多く，比例区で31%（選挙区で20%）が投票している。次は共産党で，比例区で15%（選挙区で16%）が投票している。自民党に投票したのは，比例区で13%（選挙区で16%）に過ぎない。

では投票者全体に占める無党派層はどのくらいで，どのような投票行動を行ったのだろうか。図Ⅱ-4-7がその結果を示している。NHKの出口調査の結

果によると，投票した人のなかで，無党派層は24％である。図Ⅱ-4-6の前回棄権者のなかの無党派層の割合が56％であったので，投票者全体に占める割合はぐっと小さくなる。大きいのは自民党で33％，次は民主党の13％である。

無党派層の投票政党を見ると，民主党がもっとも多く，比例区で31％である。次は共産党で18％。自民党に投票したのは13％に過ぎない。

投票率上昇と無党派層の動員が自民敗北をもたらしたメカニズムは，①前回棄権者の多くが投票に足を運ぶ→②前回棄権者の多くが無党派層である→③無党派層のもっとも多くが民主党に投票したが，同時に共産党と自民党にも投票→④自民党の絶対得票率も相対得票率も伸びたが，民主党，共産党，野党系無所属はさらに伸びた。

無党派層と言っても，固定的な「常時無党派」はわずかで，わが国では，無党派になったり政党を支持したりする「一時無党派」が圧倒的に多い。彼らは政治的不満が強く，イデオロギー的にはより革新的である。

今回の選挙では，予想以上に投票

図Ⅱ-4-6 95年は棄権したが，今回は投票した人

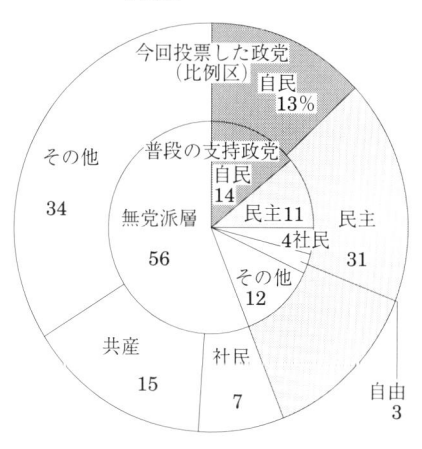

今回投票した政党（比例区）
自民 13％
普段の支持政党
自民 14
民主 11
4 社民
その他 12
民主 31
無党派層 56
その他 34
共産 15
社民 7
自由 3

（出所）『朝日新聞』1998年7月13日。

図Ⅱ-4-7 無党派層の行方（比例）

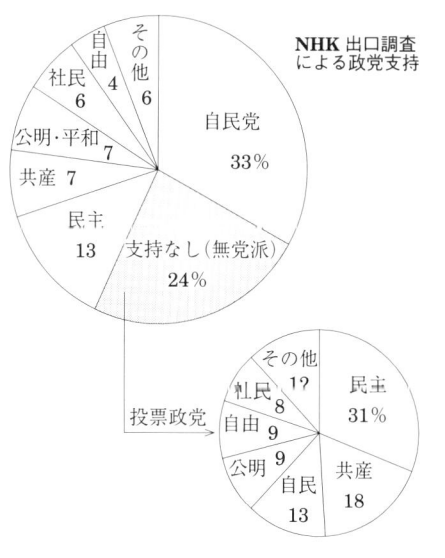

NHK出口調査による政党支持

自民党 33％
支持なし（無党派）24％
民主 13
共産 7
公明・平和 7
社民 6
自由 6
その他 4

投票政党
民主 31％
共産 18
自民 13
公明 9
自由 9
社民 8
その他 12

（出所）『中央公論社』1998年9月号，41ページ。

率が上がり、本来、現状に批判的な無党派層が投票所に足を運び、その多くが民主党および共産党に票を投じた。過半数獲得を目指す自民党は組織動員型の選挙に徹し、得票数を上積みしたが、投票率の上昇による無党派層の大量流入によって、その効果が相殺された（〔9〕）。

『読売新聞』の出口調査でもほぼ同じ傾向が見られる。

②業績評価投票

自民大敗の原因の2つ目は、小林良彰の主張によれば、「変化」を求める明確な意思表示が行われたことであった。有権者の新しい動きを見てとることができる。それはわが国でも業績評価投票（retrospective voting）が行われたということである。

この業績評価投票というのは、自分の生活状態感や景気状態を基準にして、有権者が行う投票行動である。つまり景気が良くて生活が向上していると思えば与党に投票し、逆の場合には野党に投票するわけである。これは一見して当たり前のように見えてそうでない。わが国では、むしろ逆の現象が起きてきていた（〔10〕）。

白鳥令の指摘から、次のように言えるであろう。景気と政党支持に関しては、これまで日本とヨーロッパにおける有権者の違いが、指摘されてきた。戦後の復興から高度成長、さらにエネルギー危機による経済危機の時代が、日本においては有権者に保守支持、特に自民党支持に向かわせる。

これに対しヨーロッパでは、経済状況が悪くなれば、有権者は社会党や労働者など民主社会主義の政党支持へと傾く。

今回自民党の経済運営に関する神話が、長期にわたる景気の悪化で、有権者の心のなかでも崩れたのではないだろうか。

経済運営に絶対的な自信を持つ自民党だが、そのおごりが経済政策の転換を遅らせ、自民党自身の強固な支持基盤を喪失させた（〔10〕）。

結局日本人の投票行動は、カーティスが述べているように、2つの点で日本はアメリカに似てきた。1つは「あまり問題がなければ投票しない」というアメリカ的な考え方が、日本にも見られるということである。昔は投票率が80％も90％もある地方が多かった。これは、問題がなくても、自民党の先生のため

に投票しなければならないという意識から出た行動で，候補者に動員力もあった。そうしたことが今はずいぶん減って，心配がなければ投票に行かなくなった。

アメリカの投票率は経済情勢がいいときは低くて，何か問題があるときは高くなる。今回の参議院選挙は，「やっぱり大変」と思って東京でも58％の選挙民が投票した。今問題がなければ，たとえ投票時間が2時間延びても行かなかったはずである。そこが，20年，30年前と比べて日本人の投票行動の基本的な変化である。

もう1つは，70年，80年代までは，経済の問題が深刻化しているという意識があると，自民党が得をしていた。「こんなときに野党に政権を渡したら，大変なことになるのではないか」という意識が働いて，オイルショックの後，自民党が勝っていた。ところが今は，「経済情勢がうまくいっていないから，その責任者を追い出そう，他の人にやらせてみよう」という，これまでの日本にはなかった気持ちを選挙民が持っている，という印象を受ける。この点でも，アメリカに非常に似てきている。つまり「スロー・ザ・ボムズ・アウト（追い出し）」という気持ちがある（〔11〕）。

(2) 投票率の高低と政党の有利不利

1998年6月22日の『日本経済新聞』は今度の参院選でも「投票しない有権者」がまた増えそうだと述べ，その理由は第1に投票してもどうせ変わらないとの「あきらめ」，第2は，政治や政党への不信，第3は政治的関心の低下であり，低投票率がもたらす現実的な結果は自民党の勝利である，と主張した。また「民主主義を前提とする以上，定足数としての投票率はせいぜい過半数すなわち50％程度であろう。その程度の有権者が投票するのであれば，それ以上投票率を引き上げることにそれほど意味はない。多くの有権者の選考と政治家の行動，政策のギャップが大きいことが大きな問題である。投票の機会費用が年齢や地域によって大きく異なる以上，棄権率が高くなっても有権者の意向が適切に反映されるように，選挙制度，選挙区を見直しをすることの方が，より公平で効率的な政治の実現に役立つだろう」（〔12〕）という意見もあるが，低

図Ⅱ-4-8 公共選択論を活用した民意選択モデル（参院選比例区の場合）

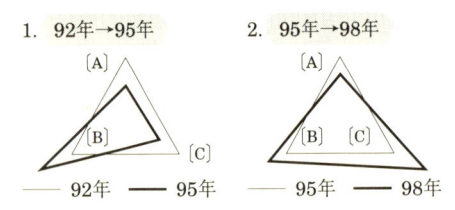

1. 92年→95年   2. 95年→98年

― 92年 ― 95年   ― 95年 ― 98年

（注）〔A〕政権党の相対得票率、〔B〕全野党の相対得票率、〔C〕投票率。正三角形の3頂点は表示した年の得票率（A、B）、投票率（C）とする分布量を指している。太線の不等辺三角形はそれぞれ正三角形の3点と比較した3年後の数値の変化の増減に基づく。

（出所）『日本経済新聞』1998年8月27日。

投票率で選ばれた政治家の正当性にも疑問があり、棄権で結果的に現状を追認するのは、政治に対する危機意識の乏しさであり、改革の必要性に対する切実感の欠如でしかない。

ではなぜ今回の参院選で有権者は休眠状態から目を覚ましたのか。92年、95年の参院選、96年の参院選、いずれもその年の最低投票率を記録した。そのときに棄権を選択した有権者は「私の1票で政治は変わらないから」「投票拒否によって今の政治に抗議したから」という合理的選択をした（図Ⅱ-4-8の1参照）。

ところが、95年以降、旧住宅金融専門会社の処理に公的資金という名で国民の税金を充てることに強く反発した有権者も、金融機関の相次ぐ倒産の救済と不良債権の処理に税金があてがわれ、自分たちの子供の世代にツケを回す膨大な赤字国債の発行がなされることになるとは思いもよらなかったのである。

「このまま黙っていてもよいのか。自分の1票が政治を変えるとは思わないが、棄権するよりまず、1票を投じてみよう」。前回と比べた投票率上昇分の14％強の有権者はこのような理由で、今回投票する選択を選んだ（図Ⅱ-4-8の2参照）。

もっとも14％ポイント強の約1400万の有権者は単純にすべて反自民に動いたのではない。選挙区では自民票は前回より、実数で650万票、全政党に占めるシェアも5.1ポイント伸びた。しかし2人区以上の選挙区で2人も立候補させて、共倒れになり議席をうしなったことが大きい。

ところが、比例区では投票率が大きく上昇したのに、自民党のシェアは逆に2ポイント強低下し、その分民主党、共産党に配分された。これは1人の有権者が持つ2票が異なる政党に投票されるという際立った配分型の合理的選択を

したことにある。これがまさに日本型の民意選択法トライアングルの特徴である。と橋本晃は主張する（〔13〕）。

　投票率が高ければ自民党に有利で，低ければ共産党，公明党に有利というのが過去の定説とされてきたが，今回の投票率の増加は自民党の選挙区における相対得票率も絶対得票率も押し上げていることが分かる。投票率の上昇とともに，自民党票も増えたが，民主党，共産党，野党系無所属のさらに伸びたということである。

　地域的に見てみても，投票率の高い地域での自民党比例区の相対得票率は，例えば投票率ベスト1の島根（73.27％）で36.88％，2番目の鳥取（70.04％）で30.44％の高水準となり，両選挙区とも自民党候補が当選した。

　ただ，無党派層の多い東京，神奈川，大阪などの大都市の場合は逆。この3都市では投票率が前回より約15〜21ポイントも上昇した今回，選挙区で自民党は全滅し，得票率も伸び悩むなど，「高投票率＝自民党の有利」の法則は大都市部ではあてはまらなかった。

　民主党の場合，投票率の伸びが大きくなるほど議席獲得率が高くなる傾向が見られる。投票率の伸びが全国平均（前回比14.32ポイント）を上回った選挙区は今回，東京，大阪など5つの3，4人区すべてを含む17選挙区あったが，このうち同党が公認候補を擁立した8選挙区は，2人当選を果たした愛知，神奈川を含め9勝2敗で，全国平均を下回った12選挙区（6勝6敗）に比べて高い勝率を示した。

　また比例区の獲得率も，落選した大阪を除いて，全国平均を上回っており，投票率が伸びるほど民主党に強い"追い風"が吹いたことがうかがえる。

　共産党は民主党と並んで，今回，躍進を遂げた。比例代表での得票総数は819万5078票に達し，前回の得票を一気に倍以上まで伸ばした。公明党と並ぶ組織政党で，選挙では「低投票率ほど有利」と言われてきた共産党だが，今回は，無党派層の受け皿になり，高い投票率が有利に働いたことがうかがえる。特に政党名を書く比例代表での飛躍的な得票の伸びは，同党に対する有権者のアレルギーが解消に向かっていることを示している（図Ⅱ-4-9参照）。

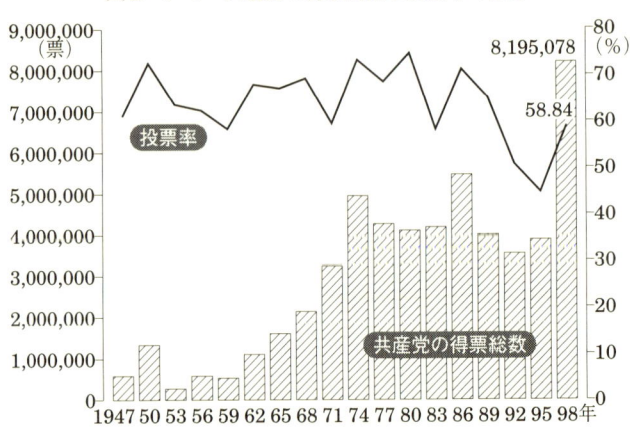

図Ⅱ-4-9　共産党の得票総数と投票率の推移

（注）　80年までは全国区、83年以降は比例代表。
（出所）　『毎日新聞』1998年7月14日。

(3) 現行選挙制度の課題

　投票時間の延長，不在者投票制度の見直し等，選挙制度のあり方の重要性が認識された今回の選挙であるが，反面まだ多くの課題が存在することも事実である。

　情報化社会の今日，選挙活動におけるニューメディアの活用をどう取り扱うか。定住外国人の選挙権問題（第Ⅰ部第2章参照），83年以来第3者が候補者を呼んで公開討論会を開くことが禁止されているが，現行の制度だけで有権者ははたして候補者の政見を十分知ることができるか，疑問が残る。また今回は手話通訳を導入する候補者が大きく増えたが，身障者の選挙参加についてもきめ細い対策が急がれる（第Ⅰ部第4章参照）。今回ミニ政党の参加が少なかったのは，比例代表への届け出政党になるには選挙区と合わせて10人以上の候補者を擁立することが条件になったためである。また，立候補には比例区で1人当たり600万円，選挙区で300万円の供託金が必要であり，従来は4回まで全額公費負担だった無料政策広告制度も廃止となった。選挙の活性化のため，また国民意見の政治への反映のため，あまりにも高い供託金制度について再考の余地を残す。

自治省は「投票」から「開票」「集計」まで選挙管理をコンピュータ処理する電子投票制度の導入を検討している。しかし作業の迅速化を重視するあまり，有権者の自由な選挙権に悪影響を与えるものであってはならないと考える。

(4) 政党，有権者の責任

以上のような分析の結果，今回の投票結果は有権者の支持政党は決して固定したものでなく，その政党の政策を強く支持するものでなく，今回の場合，自民不支持→民主，共産への投票となったものであり，民主，共産両党ともこのことを認識する必要があろう。

またどの政党にも要求されるのは人材の発掘である。特に自民党の国会議員は都道府県議，政治家秘書の出身が多く占め，それ以外のいわば政治のアマチュアの人々の政治の世界への参入が難しくなり，その結果多様な経歴の人材が自民党以外に流れ，自民党にしっぺ返しが来ている。高橋直樹が主張するように，ヨーロッパ諸国のように兼職を認め立候補をしやすくするとともに，政党が手間と時間をかけて，開かれたかたちで候補者の選考をし，政党のなかでの出世の階段を，個人の熱意と能力に応じて上れるよう開かれたものにすることが求められる（〔14〕）。

白鳥令はまた次のように主張する。

「振り返って見れば，民主政治のもとでは，選挙を通して国民の信託だけが，すべての政治権力の唯一正統な基盤だといえよう。

もし国民が，選挙を通じて自らの意思を政治リーダーに託し，立法権を含む政治権力を確立して行く，この民主主義のプロセスを承認しなくなれば，政治の安定どころか，日本の民主主義そのものが崩壊してしまう。自らの意思が正当に代表されない選挙結果を国民が拒否し，その選挙の結果成立した国会を国民は承認せず，その国会で成立した法律を国民は無視することになろう。そうなれば，遵法精神そのものが失われるので，犯罪は多発し，納税率も低下して，政治の全メカニズムが崩壊していくことになる。大けさではなく，日本の社会そのものが崩壊することになる。

今回の参議院選挙における投票率の回復と政治に変化を求める国民の意思表示は，政治システムが全面崩壊するぎりぎりの瀬戸際で，国民がもう一度政治を動かし，政治に期待をかけてみようとの選択を行ったのだと見てよいであろう。選挙が終わった今，すべての政党と政治家たちは，政治の変化を期待する国民のこの切迫した気持を理解し，これにこたえなければならないと思う」([10])。

われわれ有権者も選挙後の議員の行動を注意深く観察し，政策を積極的に提案することが必要であると考える。

▶参考文献

[1] 白鳥令「変化を求めた「選挙」にこたえよ」『朝日新聞』1998年7月14日
[2] 山口二郎と佐藤誠三郎との対談「「連立の功罪」政党をどう評価する(下)」中の佐藤誠三郎の意見『朝日新聞』1998年6月11日
[3] 牧之内隆久「投票環境の向上」『地方自治』603号，1998年2月
[4] 『朝日新聞』1998年7月15日
[5] 井堀利宏「経済学で読む日本政治」『日本経済新聞』1998年8月12日
[6] 『日本経済新聞』1998年6月20日
[7] 小林良彰『公共選択』東京大学出版会，1988年
[8] 『朝日新聞』1998年9月5日
[9] 蒲島郁夫「98年参院選自民大敗の構図」『中央公論』1999年9月号
[10] 『朝日新聞』1998年7月14日
[11] 『中央公論』1998年9月号
[12] 井堀利宏「経済学で読む日本政治」『日本経済新聞』1998年8月13日
[13] 『日本経済新聞』1998年8月27日
[14] 『朝日新聞』1998年6月3日

第5章　第14回統一地方選挙 (1999年4月)

1　はじめに

　1999年（平成11）4月11日都道府県および政令指定都市において，また4月25日にはその他の自治体において，統一地方選挙が行われた。

　統一地方選挙とは，1947年に新たな地方自治制度が始まり，4年ごとに3月～5月にかけて議員と首長の任期満了による選挙が集中するようになったため，51年から臨時特例法で投票日を統一した。今回で14回目である。国民の地方自治への関心を高めるとともに，各自治体の選挙経費の節約を図るのが主な狙いである。しかし，最近では，任期途中の首長の辞任や死亡，議会の解散などで選挙の実施時期が大幅にずれ込み，約6割が統一地方選挙以外の時期に実施されている。今回も知事選は12都道府県にとどまるなど，実施件数は減少傾向にある。

　今回の統一選挙は，有権者にとって，前回より投票しがいのある選挙であった。それは地方分権の実施に自治の範囲がかなり広がるからである。もちろんこれまでも首長や議員に誰を選ぶかによって，自治体の運営は左右された。

　しかし，その幅は狭かった。地方交付税などによって支えられた各自治体の財政はおおむね安泰で，カネの使い方も国からの通達や補助金によって縛られ，大同小異だったからである。環境や福祉などで先駆的な自治体の試みがあったが，総じて護送船団方式による横並びであった。

　しかし，地方分権関連一括法案の成立により，分権改革は実施の段階に入り，都道府県では，全体の業務の8割を占める機関委任事務の半分以上が自治事務に移行する。全国一律の国の代行事務が，自治体の自由な事務に変わることに

なる。

　また当面の自治体の最大課題である介護保険の実施も2000年（平成12）4月からであり，首長や議員のかじ取り次第で自治体のサービスにかなり差がつく時代に入る。

　一方で戦後最悪と言われる不況が続き，国，地方自治体を通じてその財政状況にはきわめて厳しいものがある。これまでのように，景気循環で経済の活力が回復しそれに伴う税収の増加により財政状況が好転する，といった楽観的な見通しは望むべくもない状況にある。

　このような財政難のなかで自らの選択と責任で魅力的な地域づくりに努めることが必要となってきた。

　進藤宗幸は今回の統一選挙は「一口で言えば日本の民主主義の方向が問われています。いま2次元的代表制（首長も議員も住民が直接選挙で選ぶこと――筆者）への不信が強まっているから住民投票への動きが出ているのです。その意味で女性や障害者の立候補や，各自治体にある中央の縮小版のような政治，行政システムを変革しようとする動きに注目したい」（〔1〕）と述べている。

　したがって地盤や看板が物を言う地方選挙も変化が期待され，地盤などのないサラリーマンを含め，広範な層から候補者が立ち，多彩な政策提案が飛び交う選挙が期待された。

　結果はたしかに，徐々ではあるが，地方から政治の変わる兆しが見える。

　無党派旋風が吹き荒れた前回に引き続き，今回も既存の政党の影は薄かった。知事選では相変わらずの各党相乗りが多く，市長選では政党推薦なしの無党派市長の増加が目だった。道府県議，市議選でも無所属議員の割合が増えた。

　目覚ましかったのは，女性の進出である。現役3人目の女性市長が誕生したほか，市議選では，女性当選者が1000人を突破し，最多記録を更新した。道府県議選でも，過去最高だった前回を大きく上回る136人が当選した。

　いわゆる地盤や看板を持たない候補者の当選も目に付く。地方からの政治改革を目指す地方議員のネットワークや，吉野川可動堰建設をめぐって住民投票を要求した住民など，さまざまな組織や活動を通じて新人議員が誕生した。ここから読み取れるのは，公共事業→利権を軸にした旧来の安定した政治基盤が

女性や普通の住民の政治の場への登場によって少しずつ掘り崩されていることである。

女性議員などの増加は，利益誘導型の政治から生活者の視点に立った政治への転換を促し，政策的には公共事業から福祉や環境への重点の置き換えにつながると考えられる。

しかし依然として投票率は，前回の史上最低から少し上昇したが，低調である。原因はいろいろ考えられるが，政党の地方選挙への取り組みの不十分さや，住民投票運動に見られる議会と住民（選挙民）との背離等が考えられる。わが国地議会の直面する問題点，課題，解決策等については，巻末に「付論」として論じている。

2　知事選挙

(1)　東京都知事選挙

東京都知事の注目度の高い最大の理由は，予算規模と組織の大きさにある。都の年間予算は約6兆7000億円（98年度一般会計）で，世界の中央政府の予算規模と比べても，韓国などを上回り，かなりの上位に入り，職員数も警視庁などを含めると19万強に達する。

また東京都が日本の首都であり，人口が1100万人と日本の人口の10分の1近くを占めているため，影響度や注目度が大きい。今回特に関心を集めている理由は，東京都の財政収支見通しによると，98年度は景気低迷による都税収入の大幅な落ち込みなどで約1000億円の赤字と，18年ぶりの赤字転落となり，今後いかに財政を再建するかが都政の最重要テーマとして浮上し，そこに再選をめざすと見られていた青島知事が突然出馬しないと表明し，有権者の関心が一気に高まった。

結果は図Ⅱ-5-1となった。

石原慎太郎の勝因について小林良彰は次のように主張する。「勝因の第1は，4年前の「無党派層選挙」からさらに進んで「政党崩壊選挙」となったこと，第2は，有権者が変革リーダーを望んだことが挙げられる」。

図Ⅱ-5-1　都知事選の主な候補者の得票数と得票率

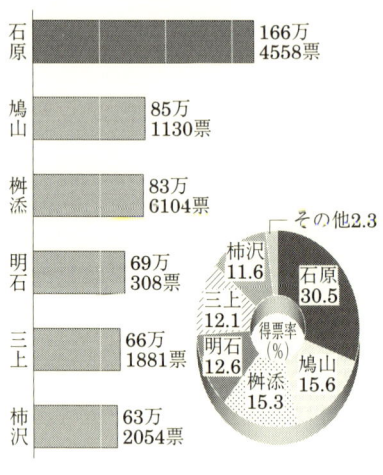

候補者	得票数	得票率(%)
石原	166万4558票	30.5
鳩山	85万1130票	15.6
桝添	83万6104票	15.3
明石	69万308票	12.6
三上	66万1881票	12.1
柿沢	63万2054票	11.6
その他		2.3

（出所）『日本経済新聞』1999年4月12日。

第1の理由について見ると，まず有権者を次の3タイプに分けることができる。

① 支持政党をもたない「無党派層」で，東京の有権者の44.2%
② 支持政党は持つが支持政党の候補者には投票しない「浮動層」で，今回の都知事選では，32%
③ 支持政党を持ち自分が支持する政党の推薦・公認候補に投票する「固定票」で，23.2%

つまり無党派層に浮動層を加えると，有権者の8割近くを政党が拘束できなくなってきているわけである。とりわけ③の固定層のうち自民党の固定層（明石康への投票者）は15.6%で，民主党の固定層（鳩山郁夫への投票者）も36.4%に留まっている。結局有権者の政党不信が解消しないために，各政党から支持を持けた候補者が苦戦を強いられたわけである。

しかし，それでは，舛添要一や柿沢弘治など，他にも無党派候補がいるなかで，どうして石原だけが圧倒的な支持を受けたのか。

ここで第2の石原慎太郎の勝因を見てみよう。これは青島前都知事が新庁舎に雲隠れして選挙前の公約を実現できなかったことから，都議会や都庁に対抗できる強いシーダーシップを持った候補者を都民が求めていたのである。事実「リーダーシップ」を持っている候補者かどうかを基準に，投票態度を決めた有権者が多かった。しかもリーダーシップを基準として投票態度を決めた有権者49.6%が石原慎太郎への投票であった（文中の数字は投票日当日行われたTBS選挙調査を利用）（[2]）。

成田憲彦は次のように分析した。

「石原氏の勝因は，圧倒的な知名度にあった。自民党の支援候補でなか

ったことが魅力を増した面もある。自民党の支援を受け，党の締め付けを受ければ，米軍横田基地の返還などとても主張できなかっただろう。

　都市型の選挙では，細かい政策を言ってもなかなか浸透しにくいが，石原氏はイエスとノーを明確にしたり，官僚機構には絶対だまされないと宣言したりした。

　そのことで，現状の都民の閉塞感を味方にし，ハト派と言われる都民の支持を得た」（〔3〕）。

『朝日新聞』は「裕次郎の兄です」と切り出して「ミーハー人気」も当選にプラスになったと述べている（〔4〕）。

また『朝日新聞』の出口調査の結果から次のことが言えると思う。

政党支持と，実際の投票行動のずれが大きくなってきている。支持政党への帰属心がどんどん弱まっている。支持している政党の意向にかかわりなく，有権者はそれぞれの判断で投票している。

政党支持からはみ出した無党派に加え，支持政党がありながら党のしばりがきかない政党支持のなかの無党派である「新無党派」が増えている。

無党派層は前回青島に48％集中した。今回もっとも支持をまとめた石原でも27％，舛添に23％，柿沢，三上両氏に各14％，鳩山に12％と割れた。

こうしたうち，石原は自民支持の41％の支持を集め，同党の推薦を受けた明石を大きく上回った。また，民主支持層の20％も取り込み，前回青島へ投票した人たちや，棄権した人たちにももっとも食い込んだ。

「青島票」の行方を見るとトップの石原が27％，次いで鳩山21％，舛添18％，三上15％の順だ。

石原に投票したと答えた人に，その理由を聞いたところ「実行力に期待」が54％ともっとも多く，「政策，主張がよい」は13％，財政難の解消など都政の課題が山積みするなかで石原の実行力への期待感が強く表れたようである（〔4〕）。

(2) 大阪府知事選挙

結果は表Ⅱ-5-1の通りである。横山ノックが無党派層の約6割強の支持を

表Ⅱ-5-1　大阪府知事選開票結果

当	2,350,959	横山ノック	67	無現②
	920,432	鰺坂　真	65	無新
	80,161	藤木美奈子	39	無新
	25,823	加藤成一	58	無新
	25,311	上野健一	38	無新
	19,603	山口康雄	49	無新
	18,834	中野俊夫	51	無新
	18,385	河村良彦	74	無新
	16,351	坂本昌弘	68	無新
		（確定・無効142,109）		

（出所）『読売新聞』1999年4月12日。

集めたほか、共産党を除く各党支持層にも浸透。共産党推薦の鰺坂真は共産党支持層の約8割を固め、無党派層の支持も3割近くまで伸ばしたが及ばなかった。

横山への投票理由として「人柄がよい」が34％、「実行力に期待」が13％だった。

この知事選で注目されることは、白票や候補者以外の名前を書いた無効票が14万票に上ったことである。共産党を除く既成政党が候補者擁立を断念したことが影響したためとみられ、知事選での政党不信を改めて裏付けた。

14万票の無効票は、過去最多の9人が立候補した今回の知事選で、事実上の一騎打ちとなった横山、鰺坂両氏に次ぐ「第3位の得票」で、選挙関係者は「政党不信が無効票の増加につながったのではないか」と分析している。

投票行動論の権威三宅一郎は、東京、大阪の知事選結果について、次のように主張する。

「東西の知事選を見て強く感じたの「政党政治の融解」ということだ。

大阪では最初から、自民、民主など独自候補擁立を見送った。これまでの保守派有権者の多くは横山氏に入れたと思うが、政党が自らの任務を投げ出してしまったといってよい不戦敗だ。東京ではいろんな立候補があったものの、大半が無所属で出た。しかも今回自民の推薦を受けて政党色が強かった明石氏が伸びなかった。やはり政党政治があいまいになっているからだ。

これは地方で政党が相乗り選挙を続けてきた結果だといえる。政党の側では、相乗りすると当選は確実だし資金もそれほどかからないから、理にかなっているかもしれない。しかし本来の意味からいうとこれはよくない。政党政治とは、党の共通の目標のもとに志を同じくする人間が集まって行われるものだ。党にはある程度の継続性と組織力がなければならない。そ

表Ⅱ-5-2　統一地方選投票率

〔知事〕	男	女	計	増減
北海道	63.51	63.93	63.73	▼2.25
岩　手	70.48	73.16	71.88	▼3.39
東　京	56.39	59.93	57.87	7.20
神奈川	44.64	46.74	45.68	▼0.47
福　井	75.17	77.30	76.28	6.05
三　重	61.04	63.25	62.19	▼6.05
大　阪	50.78	55.57	53.24	0.97
鳥　取	74.94	77.42	76.26	11.14
島　根	73.86	75.08	74.51	▼3.62
福　岡	49.74	52.74	51.34	6.90
佐　賀	65.30	67.55	66.51	2.17
大　分	68.86	71.84	70.46	0.95
平　均	55.23	58.25	56.78	1.66

（出所）『読売新聞』1999年4月12日。

んな政党政治を、政党そのものが、つぶしてきた。

　これは一般論だが、信頼できる政治組織がないと、有権者は「個人」を基準に、候補者を選ばざるを得なくなる。その際、公約を吟味して選ぶというよりは、往々にして単なる「ひいき」で選ぶことになりかねない。無党派選挙とはそういう危うさを持っている。横山氏に投票した理由に「人柄」を挙げている人が多いが、人柄はたしかに不要なものではないが、それだけで選ばれても困る。

　そういう選挙が続くと、政治そのものが、ポピュリズム（大衆迎合主義）になりかねない。すでにそうなりつつある。それが行き着くところは「衆愚政治」である。今有権者は政治への知的、党派的な関心を取り戻すべきだ」（〔5〕）。

(3) 10道県知事選挙

　知事選は東京、大阪を除いて与野党が相乗りした候補者がそろって当選した。投票率は、北海道、岩手、島根で戦後最低となり、神奈川、三重では前回を下回った（表Ⅱ-5-2参照）。

図Ⅱ-5-2 当選の現職10知事絶対得票率にみる「信任度」

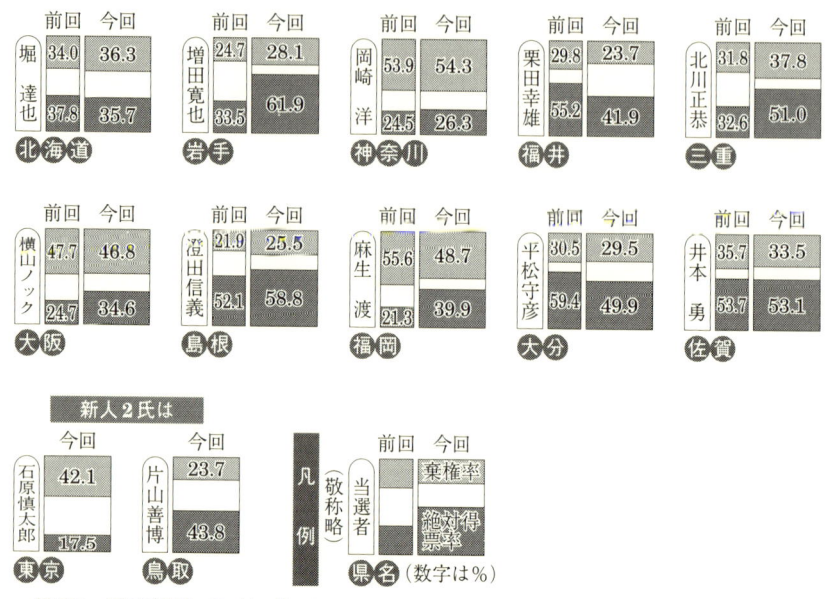

県名	前回	今回
北海道 堀達也	34.0 / 37.8	36.3 / 35.7
岩手 増田寛也	24.7 / 33.5	28.1 / 61.9
神奈川 岡崎洋	53.9 / 24.5	54.3 / 26.3
福井 栗田幸雄	29.8 / 55.2	23.7 / 41.9
三重 北川正恭	31.8 / 32.6	37.8 / 51.0
大阪 横山ノック	47.7 / 24.7	46.8 / 34.6
島根 澄田信義	21.9 / 52.1	25.5 / 58.8
福岡 麻生渡	55.6 / 21.3	48.7 / 39.9
大分 平松守彦	30.5 / 59.4	29.5 / 49.9
佐賀 井本勇	35.7 / 53.7	33.5 / 53.1

新人2氏は
県名	今回
東京 石原慎太郎	42.1 / 17.5
鳥取 片山善博	23.7 / 43.8

凡例：（敬称略）当選者／県名（数字は％）　棄権率／絶対得票率

（出所）『読売新聞』1999年4月12日。

　共産党を除く主要政党が対決を避けた地域では，有権者の関心も前回に続き低調だった。

　北海道，岩手，三重はいずれも前回推薦候補を立てて敗れた自民党が「旧敵」の現職を推し，対決から一転して相乗りになった。

　新知事の12人のうち，再選6人，3選1人，4選2人，6選1人で，新人当選者は東京の石原，鳥取の片山だけにとどまり，世代交代の歯車が回らなかった。各党相乗りの現職候補の当選が目立ったことで，「東大卒で中央官僚から県庁職員出身」というこれまでの平均的な知事像を覆すことのない結果となった。当選者12人の平均年齢は62.58歳。出身別では中央官僚6人，出身学校は東大が6人でトップ，改選後47知事で見ても似たような割合となっている。

　有権者全体のなかで候補者がどれだけの信任を得ているのかを表す絶対得票率（候補者の得票数を有権者の総数で割った）は図Ⅱ-5-2である。

3 道府県議会議員選挙

　自民党は伸び悩み，過去最低だった前回（1304議席，震災で時期をずらした兵庫県を含む。以下同じ）をさらに割り込み1288議席に終わった（表Ⅱ-5-3参照）。逆に，共産党は順調に票を伸ばし過去最多の152議席を獲得した。また無所属の当選者も大きく増え，地方議会の既成政党離れが一段と進んだ。しかし698人の無所属のうち政党から推薦，支持を受けていない「純粋無所属」は約半分の360人だけ。半分は政党と何らのつながりを持っている。
　一方，愛媛で初の女性県議が誕生するなど，女性は過去最高だった前回（79人）を大きく上回り，136人が当選した。その政党別人数は，共産党56人，無所属30人，公明党11人，道府県別に見ると，大都市を中心にほぼまんべんなく議席を増やし，前回10県で当選者がいなかったが，今回は，山形，福井，広島の3県だけになった。特に首都圏は健闘し，埼玉，千葉，神奈川の3県で，全体の2割に当たる計28人の女性県議を送り込んだ。
　年齢別に見ると，戦後生まれが1000人を超え，無所属議員では戦後生まれが

表Ⅱ-5-3　道府県議選の当選者数

定数2,669	計	女性	現	元	新	前回
自　民	1,288	(5)	1,146	18	124	1,304
民　主	170	(17)	113	6	51	—
公　明	166	(11)	125	—	41	160
自　由	20	(1)	13	0	7	—
共　産	152	(56)	76	8	68	98
社　民	94	(8)	75	5	14	282
さきがけ	2	(—)	1	—	1	9
諸　派	79	(8)	61	1	17	79
無所属	698	(30)	357	34	307	623
合　計	2,669	(136)	1,967	72	630	2,699

　（注）①無投票当選者を含む。②前回当選者には延期実施の兵庫県分を含む。合計には新進の141人，自由連合2人，護憲リベラル1人を含む。
　（出所）『毎日新聞』1999年4月12日。

表Ⅱ-5-4 44道府県議選の無投票当選率

道府県名	定数	無投票当選者数	無投票率	道府県名	定数	無投票当選者数	無投票率
北海道	110	16	14.5	京都	65	8	12.3
青森	51	3	5.9	大阪	112	7	6.3
岩手	51	7	13.7	兵庫	92	19	20.7
宮城	63	12	19.0	奈良	48	10	20.8
秋田	48	5	10.4	和歌山	47	2	4.3
山形	49	11	22.4	鳥取	38	2	5.3
福島	60	8	13.3	島根	41	12	29.3
栃木	55	6	10.9	岡山	56	8	14.3
群馬	57	12	21.1	広島	70	30	42.9
埼玉	94	10	10.6	山口	53	11	20.8
千葉	98	12	12.2	徳島	42	9	21.4
神奈川	107	7	6.5	香川	45	11	24.4
新潟	62	12	19.4	愛媛	52	12	23.1
富山	45	10	22.2	高知	41	5	12.2
石川	48	7	14.6	福岡	91	16	17.6
福井	40	8	20.0	佐賀	41	7	17.1
山梨	42	14	33.3	長崎	52	8	15.4
長野	62	11	17.7	熊本	56	16	28.6
岐阜	51	15	29.4	大分	47	9	19.1
静岡	78	10	12.8	宮崎	45	7	15.6
愛知	107	14	13.1	鹿児島	54	14	25.9
三重	55	9	16.4	合計	2,669	448	16.8
滋賀	48	6	12.5				

(注) 小数点第2位以下を四捨五入。
(出所) 『朝日新聞』1999年4月3日。

戦前生まれを上回った。

今回の無投票当選は448人であった。前回の565人(兵庫県を含む)に比べると大幅に減ったが,なお総定数の16.8%を占め,候補者のほぼ6人に1人に当たる。選挙区では計1156人のうち1人区を中心に322区が無投票だった。道府県別では無投票当選の割合が高かったのは広島がトップで,定数の70のうち43%を占める30人が無投票だった(表Ⅱ-5-4参照)。

4　政令市議会議員選挙

北九州市を除く11政令市議選では，改正前の勢力と比べて，自民党が35議席の大幅減，社民党も26議席を減らす惨敗を喫した。これに対して共産党は20議席以上の大幅増となったほか，公明党が立候補135人のうち132人の当選を決め9議席，民主党も1議席増やした。一方，無所属の当選者は前回を大きく上回った。また女性の当選者は117人で前回を大きく上回り，過去最高となった（表Ⅱ-5-5参照）。

5　市長選挙

今回も与野党相乗り候補は，無投票当選を含むと8割以上当選を果たした。
候補者としては，政党の組織票が期待でき，当選後の議会対策に好都合，政党にとっても与党になって行政への発言力を持てるという思惑が相乗り傾向の背景にある。しかし相乗り傾向については，「選挙前に有権者の手の届かな

表Ⅱ-5-5　政令市議会の新分野

	定数		自民	民主	公明	自由	共産	社民	諸派	無所属
札幌	68	▼1⑩	26①(29)	13 (14)	11①(11)	0 (0)	11⑥(6)	0 (1)	2②(3)	5 (4)
仙台	64	⑧	7 (18)	9②(6)	8①(7)	― (0)	7④(5)	5 (7)	0 (1)	28①(20)
千葉	56	⑫	9 (18)	2①(3)	8②(7)	― (0)	7③(7)	0 (0)	6⑥(4)	24 (16)
横浜	92	▼2⑱	32 (35)	19①(22)	16②(14)	0 (0)	10④(6)	0 (3)	10⑨(8)	5②(6)
川崎	64	⑫	16 (19)	7①(5)	12①(11)	0 (0)	14④(9)	0 (10)	3③(3)	12③(6)
名古屋	78	⑬	22 (22)	21⑤(21)	13①(11)	1 (?)	10④(8)	― (1)	― (0)	11②(12)
京都	72	⑬	24②(24)	11①(8)	12②(12)	0 (0)	21⑧(20)	1 (2)	0 (0)	3 (3)
大阪	90	⑪	34②(32)	16③(17)	19③(19)	0 (0)	15③(14)	0 (1)	0 (0)	6 (6)
神戸	72	⑫	19 (21)	14①(17)	14③(12)	0 (0)	13⑤(10)	0 (1)	7③(6)	5 (2)
広島	60	▼1④	25 (31)	1 (0)	8①(8)	― (0)	5②(4)	5①(8)	― (0)	17 (7)
福岡	63	▼2④	19 (19)	2 (0)	11 (11)	― (0)	7②(5)	4 (7)	14②(21)	6 (0)
合計	779	▼6⑪⑰	233⑤(268)	114⑮(113)	132⑱(123)	1 (2)	120㊺(94)	15①(41)	42㉕(45)	122⑧(83)
北九州	64	③	20	5	8	0	10③	5	0	16①

（注）　定数の後の▼は前回比減。追加公認は含まない。○数字は女性。―は立候補者なし。カッコ内は告示日前日現在の勢力。北九州は今回非改選。
（出所）『読売新聞』1999年4月12日。

図Ⅱ-5-3 市長の年齢別構成

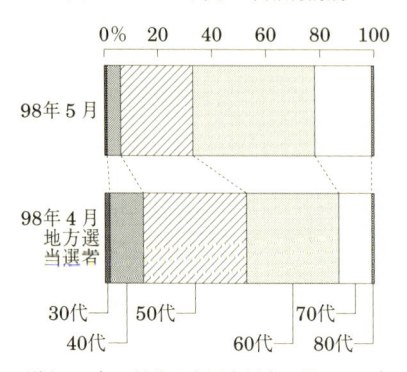

98年5月

98年4月
地方選
当選者

30代　50代　70代
　40代　60代　80代

（注）98年5月分は全国市長会の調べ。99年4月は当選時点。
（出所）『日本経済新聞』1999年5月7日。

いところで当選者が事実上決まってしまうのは，地方政治の観点から極めて問題である。有権者の無関心，シラケを増大させる」（〔6〕）と坂田期雄が警告している。

無投票当選者は過去20年で最少。背景には，共産党や市民グループが「無投票当選阻止」のため候補者擁立を進めたことにある。

若手候補者が躍進し，30〜50歳代の当選者が全体の52.4％を占め，60歳以上を上回った。昨年5月の全国市長会の集計では30〜50歳代は32.8％で，その増加ぶりがうかがえる（図Ⅱ-5-3参照）。

また4人の元代議士が市，区長に当選した。蒲島郁夫は次のように述べる。

「代議士経験者が首長をめざす理由の第1には，選挙制度改革による小選挙区制の導入で，落選すると次の当選が難しくなったことがある。

一方で，地方分権の流れもあって首長の裁量権への魅力は増してきた。東京の区長などは行政規模が大きく，魅力的だろう。政党も影響力を残すために，彼らの「転身」を後押ししようとしている。「国に隷属する地方」というイメージも薄れ，今後も，この流れがやむことはないだろう。個々の事情にあるにせよ，国と地方が対等に向き合うためには悪いことではない」（〔7〕）。

6　市議会議員選挙

自民，社民両党が結党以来最低の水準に落ち込む一方で，共産党は初の1000人を超える議席を獲得した（表Ⅱ-5-6参照）。前回95年から党派別の当選者数で首位となっている公明党は3回連続の全員当選を果たした。女性の当選者は

表Ⅱ-5-6　市議選当選者数

	計	うち無投票	前回
自　民	881	0	975
民　主	301	0	—
公　明	1,116	2	1,069
自　由	5	0	—
共　産	1,031	4	950
社　民	294	1	839
諸　派	117	0	227
無所属	6,930	36	7,067
合　計	10,675	43	11,127

（注）　女性当選者数＝1,084人。合計は無投票当選の市で定数割れによる欠員があるため改選定数に1足りない。前回の諸派には旧新進党の118人を含む。
（出所）　『日本経済新聞』1999年4月26日。

1084人と初めて全体の1割を超えた。

7　むすびにかえて

(1)　投票率

　戦後最低の前回より少し良くなった（図Ⅱ-5-4参照）。98年の選挙法改正による投票時間の延長や不在者投票制度の改革が微増につながったのではないか。村川皓は「投票率の高低を，1つの原因で説明しようとするのはやめよう。政治に不信だから投票率が下がる。選挙が面白いから投票率が上がる。確かにそういう面もある。しかし，画一的な見方にこそ投票率低下の一因と考えてみよう。さまざまなスタイルや動きからの参加が可能になれば，投票率上昇につながるだろう」（〔1〕）と述べている。

　今回でも財政再建，地方分権等市民が関心をもつ問題が山積みしているにもかかわらず，それらの問題へのアピールより，旧態依然とした画一的な選挙戦術に依存したこと，また首長選挙への政党相乗りが低投票率の一因と考えられ

170　第Ⅱ部　選挙分析

図Ⅱ-5-4　統一地方選挙の投票率の推移

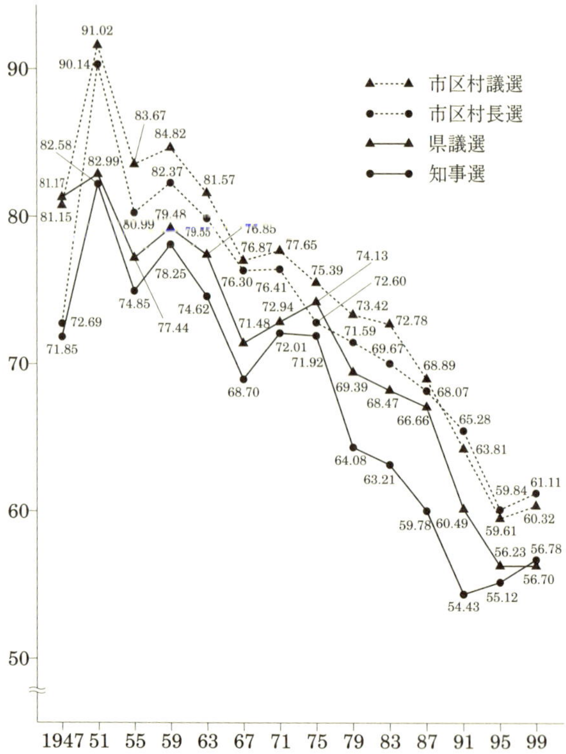

```
         市区町村議選 ▲----
         市区町村長選 ●----
         県議選      ▲——
         知事選      ●——
```

(出所)『選挙』1999年7月号，9ページ。

る。

(2) 特　色

今回の特色の第1は，女性議員増である。小林良彰は「身近な行政と住民の距離が広がり，自分たちの意向を汲み取ってくれない従来の政治家への不満の増大があるのは否定できない」（〔2〕）と述べている。

有田浩子は女性ジャーナリストの立場から次のように述べる。

「介護保険，ダイオキシンなど地域の抱える問題が社会にとって大きなテーマとなってきたこと，地方分権化が進み，地域で起きた問題を地域の

なかで解決していかなければならなくなってきたことなどが活動してきた女性たちを政治に駆り立てたに間違いない。議員としてすでに活動している同性の議員たちの働きがメディアなどで紹介されたりしたことも大きかった。その下地に加えて，市川房枝記念会が'94年に政治参加を目指す女性たちのために講座を開いたのを皮切りに「選挙の戦い方教えます」という女性の議会進出をサポートする，バックアップスクールが全国で誕生し，その受講生のなかから多数の当選者が出た。

　政党も特に野党を中心に，女性を戦略的に立ててきた。特に共産，公明の大量擁立が今回の女性の当選の多くを支えたといっていい」（〔8〕）。

第2の特色は政党離れである。選挙の時だけ票を求め，選挙が終わると次の選挙までご無沙汰というのでは，有権者が政党について行かなくなるのも当然な話である。有権者の声を集約して政治に反映させるという本来の仕事を忘れている政党が多すぎる。つまり，政党や政治家にとって選挙で当選することが大事であり，選挙が終われば，せいぜい後援会組織に所属する支持者の意向を聞く程度であって，一般の有権者の意見を汲み取る努力はあまり見られない。

　さらに言えば，選挙向けのスローガンやキャッチフレーズを作ることはうまくても，具体性のある政策を立案する能力があまりにも不足している政治家，政党は少なくない。

　一方の有権者にとって選挙そのものより選挙の後に何をしてくれるかが重要であり，いつも「裏切られた」という意識だけが残るそういうことが，政党離れ→無所属候補者への投票となったのではないだろうか。

(3) 課　題

　地方分権一括法が成立すると，地方自治体は拡大される権限を使って独自の街づくりをするためのルール（条例）をつくることができ，自治立法権を発揮できる地方議会の役割は格段に重要になる。国に対抗できる地方議会の役割は格段に重要になる。国に対抗できる法令解釈能力を持った議会にしないと，逆に国の言いなりになりかねない。地方分権が成功するかどうかは地方議会次第である。

地方議会の出番が来た。しかし，今回の選挙でそのことがあまり話題にならなかったことを考えると「出番が来た」と理解している新議員がどれくらいいるだろうかと心もとない。地方分権時代の幕開けに登場する地方議員には，新しい感覚をもった地方自治の主人公になってもらいたい。

▶ **参考文献**

〔1〕 『朝日新聞』1999年4月9日
〔2〕 小林良彰「政党崩壊がもたらした性議員躍進と石原都知事」『地方分権』1999年6月号
〔3〕 『読売新聞』1999年4月12日
〔4〕 『朝日新聞』1999年4月12日
〔5〕 『産経新聞』1999年4月12日
〔6〕 『読売新聞』1999年4月26日
〔7〕 『朝日新聞』1999年4月26日
〔8〕 有田浩子「女性は地方政治をどう考えるか」『地方分権』1999年7月号

第6章　第42回総選挙（2000年6月）

1　はじめに

「政権選択」を最大の争点とした第42回衆院選では，自民，公明，保守の与党3党は現有勢力を大きく割り込んだものの，安定多数の254議席以上を確保した。野党は第1党の民主党が躍進し，自由，社民両党も善戦した。

自民党は議席減を最小限に抑えるために，「自公保」連立への批判と内閣支持率の低迷に対する危機感をバネに組織を固め，公明党との選挙協力で創価学会票の上乗せを図った。投票率が事前の予想ほど伸びなかったことも組織票に頼る自民党には有利に働いたようだ。与党のうち，公明，保守両党は思うような結果を示せなかった。

民主党は，予想以上の健闘と言える。今後の2大政党時代を想定し，一方の極になるための資格を得たと言える。

しかし，一気に与党を過半数割れに追い込むに至らなかったのは，民主党を始め野党の期待に反して，無党派層のかなりの部分が棄権にまわったためと考えられる。これは投票率が伸び悩んだことからもうかがえる。「自公保」連立に批判的だが，民主党など野党の政権構想に不安を感じる人々が，棄権にまわったと考えられる。

民主党は善戦したとはいえ，「民主党基軸の政権」と言うだけで，具体的な野党連立政権の構図を示しえなかったし，政策面でも，民主党が主張した課税最低限の引き下げは，野党内で共産党，社民党の批判を浴びた。しかも，増税分を児童手当に充てると主張して，有権者を困惑させた。

活力ある政治のためには，政権担当能力を持つ健全野党の存在が必要である。

民主党は，その一歩を築いたと言えるが，真に政権を託せる政党としての信頼を得るためには，なおいっそうの努力が求められる。

ともあれ今回の衆院選で示された民意はとりあえず今を守る「保守」そのものである。

不満や不安はあっても，そんなに困っているわけではないから，さしあたり今のままでいい，という有権者の生活保守主義を，ある程度，与党側がつかんだ結果であると考えられる。

しかし21世紀にむけて，自民党政治で一体どうなるのかその心配は依然として存在する。本章においては，われわれの1票（正しくは2票）は，480の新議席にどのように反映されたのか，21世紀の日本を託す当選者はどういう人々なのか，選挙結果や当選者の特徴を図表を使って多角的に分析することを試みた。

2 立候補者像

(1) 概　況

各党の選挙区・比例区の候補者数は表Ⅱ-6-1の通りである。また，表からも分かるように女性候補者は202人で，全候補者1404人のうち14.4％に上り，戦後最高だった前回総選挙を上回った。これは民主党が女性候補者を発掘するため，公募制度を採用，共産党も前回総選挙で擁立した66人の女性をさらに増やし，89人を立てたことなどが背景にある。

政党別では，共産党がトップで，民主党と自由連合がそれぞれ26人，社民党22人，公明党16人の順となっている。

(2) 年　齢

今回の立候補者の平均年齢は51.3歳で前回選挙から0.4歳アップした。政党別に見ると保守が58.1歳ともっとも高く，以下自民56.3歳，社民54.3歳，公明50.5歳，共産50.5歳，自由49.3歳，民主48.3歳となっている。戦後生まれの割合は全体で6割に達している。

表Ⅱ-6-1　党派別の候補者数

	合計	前	元	新	女性	小選挙区	比例区	(重複)	選挙前勢力
自　民	337	250	14	73	11	271	326	260	271
民　主	262	92	24	146	26	242	259	239	95
公　明	74	36	4	34	16	18	63	7	42
共　産	332	19	2	311	84	300	66	34	26
保　守	19	17	1	1	1	16	3	0	18
自　由	75	15	11	49	7	61	72	58	18
社　民	76	10	7	59	22	71	76	71	14
改革ク	4	4	0	0	0	4	0	0	5
無所属の会	11	4	0	7	1	9	2	0	4
自由連合	126	1	3	122	26	123	33	30	1
さきがけ	0	0	0	0	0	0	0	0	1
諸　派	9	0	3	6	3	5	4	0	0
無　所　属	79	8	3	68	5	79	—	—	4
計	1,404	456	72	876	202	1,199	904	699	499 (欠員1)

（注）　選挙前勢力は，解散後の党派異動を含む。
（出所）　『朝日新聞』2000年6月14日。

(3) 基　盤

　出身別で見ると自民党の候補者は地方議員出身者が31％と1番多くなっている。小選挙区比例代表並立制の導入にともない，旧中選挙区時代よりも一段と選挙区への密着度を高める必要があるためだ。まず地方議員になり，その後国会を目指すというのは同党所属議員のなかでよく見られたもので，地方議会での議席占有率が高いという同党の組織の全国的な広がりも裏付けるかたちとなっている。次いで，18％が官僚出身者となっている。

　これと近い特色の出ているのは，自民党から分かれた保守，自由両党で，特に保守党にそうした傾向が顕著だ。自由党は，今回政党関係者まで擁立したため，保守党より候補者が多い。

　これに対し，公明，共産両党は，政党関係者出身の候補者が圧倒的に多くなっている。特に共産党が77％と高いのは，比例代表の得票アップを視野に，全選挙区に候補者を立てた事情が反映されている。

　また社民党はもともと同党の支持組織だった労組からの擁立が26％と目立っ

ている。

　1番バランスのとれた候補者を擁立しているのは民主党で，地方議員，政党，労組関係者はそれぞれ20％，6％，8％で，同党は，社民，旧新進，さきがけなどの政党出身者が合流して結成された経緯があり，候補者の出身もバラエティに富むかたちとなった。

　なお，国会議員の親族から地盤を受け継いで立候補する世襲候補は169人を数えた。もっとも多く抱えているのは自民党の118人。

　2番目に多いのは民主党で26人。自由党10人，公明・社民は1人ずつである。

3　投票率

　今回の投票率は62.49％で1996年10月の前回の59.65％を上回ったが，前回に次ぐ戦後2番目に低い記録となった（図Ⅱ-6-1参照）。

　投票日の25日午前中は雨の影響などで有権者の出足が悪かったが，夕方以降に投票率が上向いた。投票時間が総選挙として初めて2時間延長されたことや，不在者投票が約550万人と大幅に増えたことが，投票率の低下傾向に歯止めを

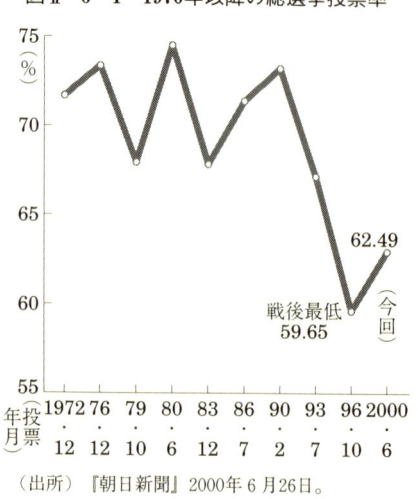

図Ⅱ-6-1　1970年以降の総選挙投票率

（出所）『朝日新聞』2000年6月26日。

図Ⅱ－６－２　比例11ブロックの投票率

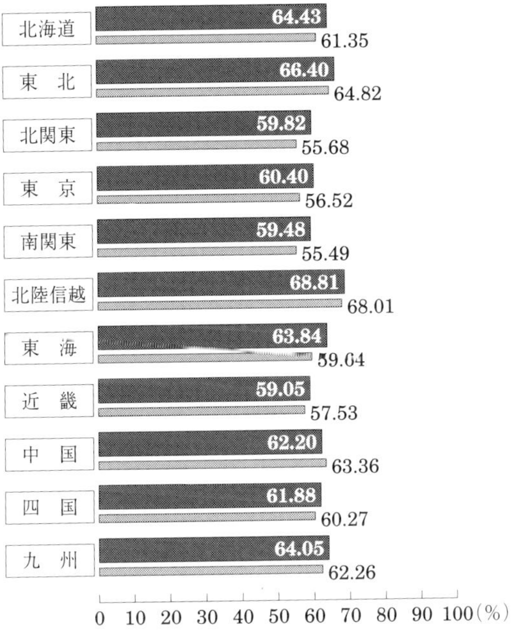
北海道
64.43
61.35
東　北
66.40
64.82
北関東
59.82
55.68
東　京
60.40
56.52
南関東
59.48
55.49
北陸信越
68.81
68.01
東　海
63.84
59.64
近　畿
59.05
57.53
中　国
62.20
63.36
四　国
61.88
60.27
九　州
64.05
62.26
0　10　20　30　40　50　60　70　80　90　100（%）

（注）上が今回，下は前回。
（出所）『読売新聞』2000年６月26日。

かけたとみられる。

比例11ブロックの投票率は図Ⅱ－６－２に示されている通りで，大都市圏を抱えるブロックの投票率が相対的に低い。

また，都道県別の投票率も同様に，東京都，神奈川県，大阪府，兵庫県など都市部での低さが目立つ。

4　選挙結果

(1)　党派別当選者

議席を失った改革クラブを除く自民，公明，保守の与党３党は計271議席で，選挙前議席から60議席減らしたものの，衆院での絶対安定多数（269議席）を

表 II-6-2　党派別当選者数の内訳

	選挙前勢力		小選挙区					比例区					復活当選者
			計	前	元	新	女性	計	前	元	新	女性	
自　　民	233	271	177	154	4	19	4	56	47	1	8	4	7
民　　主	127	95	80	49	5	26	3	47	26	4	17	3	30
公　　明	31	42	7	7	0	0	0	24	21	2	1	3	2
自　　由	22	18	4	3	0	1	0	18	8	4	6	1	14
共　　産	20	26	0	0	0	0	0	20	15	1	4	4	12
社　　民	19	14	4	3	0	1	3	15	3	0	12	7	14
保　　守	7	18	7	7	0	0	1	0	0	0	0	0	0
無所属の会	5	4	5	4	0	1	1	0	0	0	0	0	0
自由連合	1	1	1	0	1	0	0	0	0	0	0	0	0
改革ク	0	5	0	0	0	0	0	—	—	—	—	—	—
さきがけ	—	1	—	—	—	—	—	—	—	—	—	—	—
諸　　派	0	0	0	0	0	0	0	0	0	0	0	0	0
無所属	15	4	15	4	1	10	1	—	—	—	—	—	—
計	480	499 欠員1	300	231	11	58	13	180	120	12	48	22	79

（出所）『朝日新聞』2000年6月27日夕刊。

確保した（表II-6-2参照）。民主党は127議席で選挙前に比べ32議席増の躍進，自由，社民両党とも選挙前議席を上回ったが，共産党は6議席減とふるわなかった。無所属15人当選。女性当選者35人で，前回の23人を大きく上回り，現憲法下の衆院選では最多になった。

民主党の当選者増のすべては小選挙区で，都市部を中心に自民党の前議員などに競り勝ったケースが多い（本節(3)参照）。自民党は小選挙で20議席減らした。

比例代表180議席のブロック別政党当選者の得票率と議席率は図II-6-3である。

なお，選挙区で落選しながら，比例代表で復活当選した候補者は79人で，比例当選者の43％を占めており，全体で16.4％を占めた。

(2) 自公協力区

公明党が小選挙区選で候補者を立てた18選挙区のうち，自民党が候補者の擁立を見送るなど選挙協力をした選挙区が14あり，そこでの公明党候補の戦績は

図Ⅱ-6-3 主要政党の比例代表ブロック別得票率と議席占有率

北海道		
議席率		得票率
25	自	26
38	民	31
12	公	13
0	由	8
12	共	13
12	社	9

東北		
議席率		得票率
36	自	32
21	民	21
7	公	10
21	由	16
7	共	8
7	社	11

北陸信越		
議席率		得票率
36	自	35
27	民	25
9	公	9
9	由	11
9	共	9
9	社	10

北関東		
議席率		得票率
35	自	31
25	民	25
15	公	13
10	由	12
10	共	11
5	社	8

南関東		
議席率		得票率
29	自	25
29	民	28
14	公	12
9	由	12
9	共	12
9	社	10

東京		
議席率		得票率
24	自	19
35	民	29
12	公	13
12	由	14
12	共	14
6	社	7
0	保	1

東海		
議席率		得票率
33	自	29
33	民	31
10	公	12
10	由	10
10	共	10
5	社	7
0	保	1

近畿		
議席率		得票率
23	自	24
23	民	23
17	公	16
10	由	10
17	共	16
10	社	9
0	保	1

中国		
議席率		得票率
36	自	36
18	民	22
18	公	15
9	由	9
9	共	9
9	社	0

四国		
議席率		得票率
50	自	36
17	民	21
17	公	14
0	由	8
17	共	11
0	社	10

九州		
議席率		得票率
33	自	31
19	民	20
14	公	14
10	由	9
10	共	8
14	社	13

（注）数字は％。
（出所）『産経新聞』2000年6月27日。

7勝7敗である。

　与党3党が互いに候補者を推せんする選挙協力の結果は，自民→公明は14人中7人，公明→自民161人のうち113人。自民→保守12人のうち7人，保守→自民202人のうち132人が当選した。

図Ⅱ-6-4 「大都市型」84選挙区の政党別獲得率

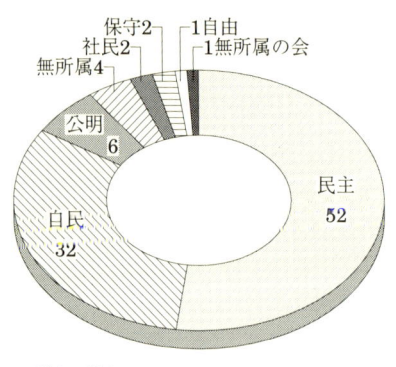

保守2　1自由
社民2　1無所属の会
無所属4
公明 6
自民 32
民主 52

（注）　数字は％。
（出所）『毎日新聞』2000年6月26日。

公明→保守は13人のうち7人。保守→公明は18人のうち7人当選した。

(3) 地域別当選者

　民主党が公示前勢力を32議席も上回る躍進を遂げた原因の1つに，都市部の小選挙区で他党候補に競り勝つケースが多かったことが挙げられる。全国300の小選挙区のうち，民主党候補が他党の前議員から奪取したのは43選挙区に上り，このうち31選挙区（72％）が4大都市圏などの都市部である。以前から都市部と農村部では投票行動に違いがあったが，これほど政党選択で地域間の色わけが鮮明になったことはない。理由はいろいろ考えられるが，地域的なしがらみにとらわれない若者や，支持政党を持たない無党派層の受け皿と民主党はなったし，税金に対するサラリーマン層の不満，農村地域への巨額の公共投資に対する都市住民の不満が民主党支持になったと考えられる（図Ⅱ-6-4参照）。

(4) 死　票

　投票した候補者が落選したため議席に結び付かなかった「死票」の数は，小選挙区で約3153万票に上り，「死票」率は51.8％だった。1996年の前回衆院選の54.6％を下回ったとはいえ，なお過半数の民意は反映されておらず，小選挙区制度の問題点が改めて浮き彫りになった。

(5) 得票率と議席

　今回の総選挙でも，第1党に有利に働く小選挙区制の「特色」が明確に示された。この欠陥を修正するために，比例代表制もあわせて導入された。しかし今回の比例区の結果を見ると，自民党28.3％の得票で，180議席のうち31.1％

表Ⅱ-6-3　小選挙区の有権者数と格差

〈多い順〉
① 神奈川14区　473,218（2.471倍）
② 神奈川7区　472,963（2.469倍）
③ 東京22区　458,093（2.39 倍）
④ 愛知10区　454,966（2.38 倍）
⑤ 愛知6区　454,156（2.37 倍）

〈少ない順〉
① 島根3区　191,496
② 高知3区　201,820
③ 島根2区　206,755
④ 島根1区　206,822
⑤ 徳島3区　208,804

（注）2000年6月12日現在。単位：人，カッコ内は有権者数の最も少ない島根3区との格差。
（出所）『日本経済新聞』2000年6月19日。

図Ⅱ-6-5　「コスタリカ」選挙区の得票数

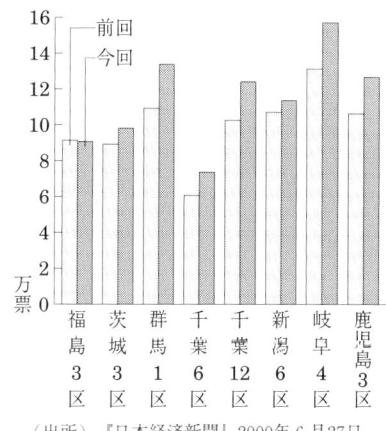

（前回／今回）
福島3区, 茨城3区, 群馬1区, 千葉6区, 千葉12区, 新潟6区, 岐阜4区, 鹿児島3区

（出所）『日本経済新聞』2000年6月27日。

に当たる56議席を獲得している。小政党に不利なブロック制が採用されているために，比例区でも保守党や自由連合などでは，議席に反映されなかった「死票」が100万票を超えた。

(6)　1票の格差と現制度の矛盾

小選挙区の有権者1票の格差は表Ⅱ-6-3であり，依然として2倍を超える格差の選挙区が少なからず存在する。そのため，北海道では12万8975票を獲得しながら落選する一方，高知では4万765票で当選したり，また選挙区で2万2800票の得票ながら比例で復活するなど，現制度の矛盾点が指摘される。

(7)　コスタリカ方式

同じ小選挙区内の候補者の調整がつかず，毎回小選挙区候補と比例代表候補が入れ替わる「コスタリカ方式*」で，自民党は1996年では全員当選したが今回

＊　中米コスタリカで国会議員の腐敗，汚職防止を図るために連続当選を禁止していることをヒントに，1回の選挙ごとや年限を切って選挙区と比例代表に交代に立候補させる方法。

は 3 人落選した（図Ⅱ-6-5 参照）。

5 当選者像

　主たる政党である 7 党の当選議員の分析の大要は図Ⅱ-6-6 であるが，これを今すこし詳しく分析する。
　当選者の平均年齢は54.2歳。もっとも若いのは民主党で49.5歳，逆にもっとも高いのは保守党59.1歳，もっとも多いのは50歳代189人，全体の39.4％。20歳代はわずか 5 人である。
　今回の選挙には戦後最多の202人の女性候補が立候補し，うち35人が当選を果たした（表Ⅱ-6-2 参照）。当選率は17.3％，当選者数は戦後第 1 回の1946年の衆院選の当選者（39人）に次ぎ 2 番目。
　今回は，父や兄など親族の地盤を引き継いだ「世襲」候補が177人立候補し，このうち126人が当選した。当選率は71.2％に上り，その強みを見せつけた。
　官僚出身者は前回より多い119人が立候補し，86人が当選。当選率は世襲組と並び政界への人材供給源となっている。また小選挙区制となり，地元との「密着度」が高い地方政治家が立候補しやすくなったため，304人中128人当選した。なお，出身大学については，図Ⅱ-6-7 の通りである。
　前回落選した人が再立候補した場合，同情票もあり当選率が多いこれを次点バネという。今回は32％で93年度と比べ半数である（図Ⅱ-6-8 参照）。中選挙区制と比べ難しいことが分かる。
　今回念願の議席を獲得した新人は全体の22.1％の106人であった。93年の前々回26.2％，96年の前回23.0％とだんだんと新人の割合が減少している。一方，当選者のうち前議員の占める割合は図Ⅱ-6-9 に示されている通りである。

6 投票行動

(1) 出口調査
　朝日新聞社の出口調査（47万人対象）から小選挙区と比例代表で異なる政党

第6章 第42回総選挙 183

図Ⅱ-6-6 7党のグラフ分析

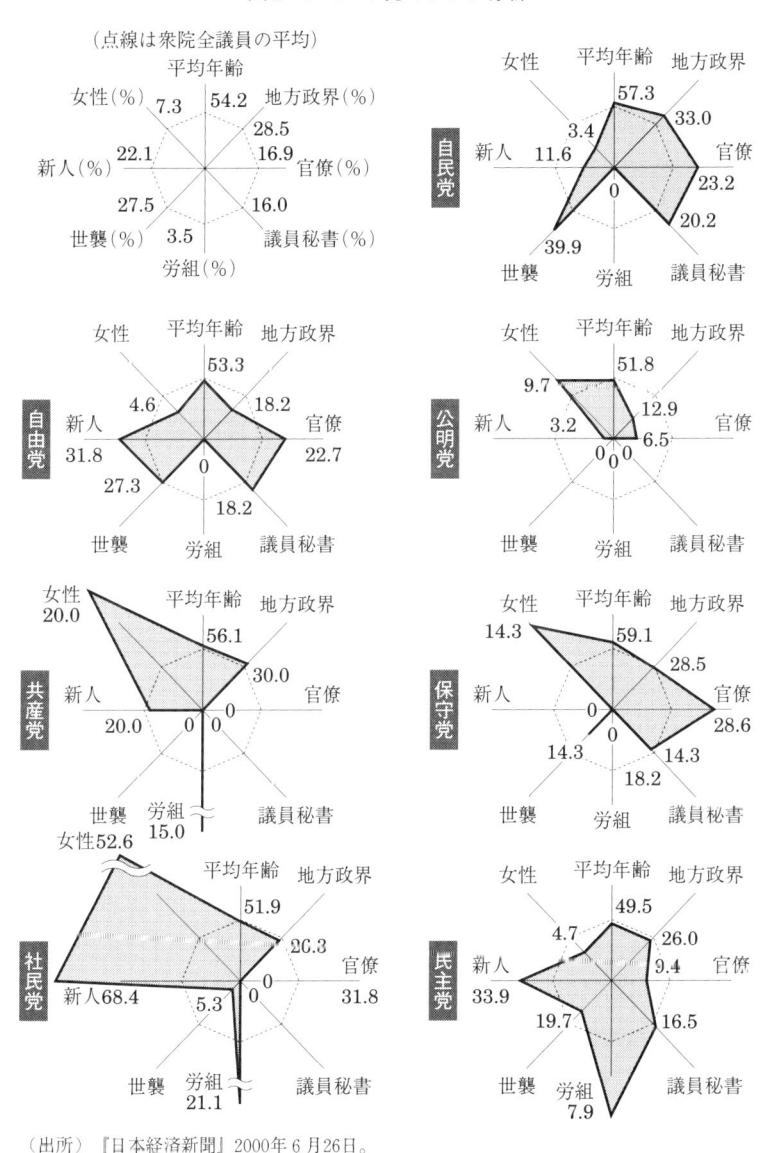

（点線は衆院全議員の平均）

自民党: 平均年齢 57.3、地方政界 33.0、官僚 23.2、議員秘書 20.2、労組 0、世襲 39.9、新人 11.6、女性 3.4

全議員平均: 平均年齢 54.2、地方政界 28.5、官僚 16.9、議員秘書 16.0、労組 3.5、世襲 27.5、新人 22.1、女性 7.3

自由党: 平均年齢 53.3、地方政界 18.2、官僚 22.7、議員秘書 18.2、労組 0、世襲 27.3、新人 31.8、女性 4.6

公明党: 平均年齢 51.8、地方政界 12.9、官僚 6.5、議員秘書 0、労組 0、世襲 0、新人 3.2、女性 9.7

共産党: 平均年齢 56.1、地方政界 30.0、官僚 0、議員秘書 0、労組 15.0、世襲 0、新人 20.0、女性 20.0

保守党: 平均年齢 59.1、地方政界 28.5、官僚 28.6、議員秘書 14.3、労組 18.2、世襲 14.3、新人 0、女性 14.3

社民党: 平均年齢 51.9、地方政界 20.3、官僚 31.8、議員秘書 0、労組 21.1、世襲 5.3、新人 68.4、女性 52.6

民主党: 平均年齢 49.5、地方政界 26.0、官僚 9.4、議員秘書 16.5、労組 7.9、世襲 19.7、新人 33.9、女性 4.7

（出所）『日本経済新聞』2000年6月26日。

図Ⅱ-6-7　当選者の出身大学

東大　新議員 96／前議員 89
早大　59／67
慶大　33／42
中大　30／30
京大　17／19
日大　14／19

（出所）『産経新聞』2000年6月27日。

図Ⅱ-6-8　次点バネ当選率

1990年 54／93 61／96 27／今回 32（％）

（出所）『産経新聞』2000年6月27日。

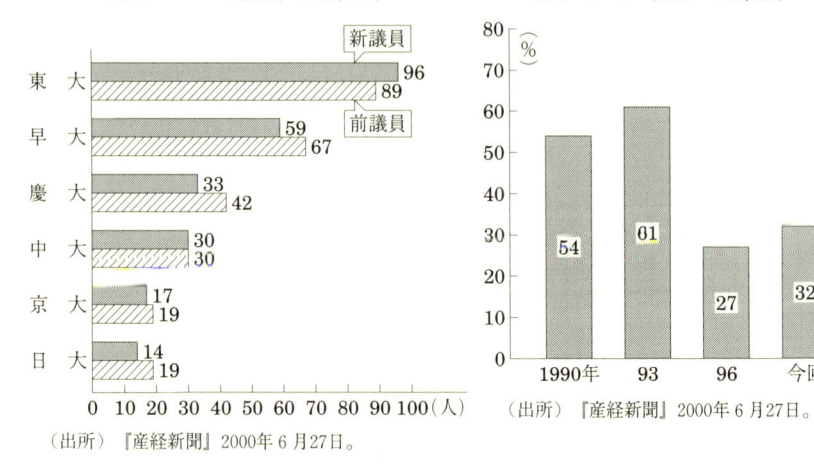

図Ⅱ-6-9　当選者に占める前議員の割合

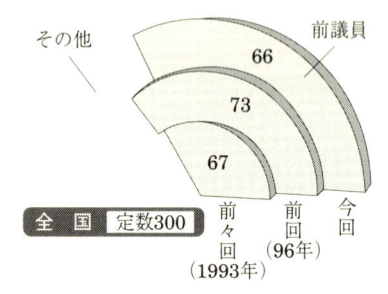

前々回（1993年）67／前回（96年）73／今回 66
全国　定数300

（注）数字は％。小数点以下は四捨五入、前々回は中選挙区。
（出所）『読売新聞』2000年6月27日。

に投票した人は45％に上り、その内訳は図Ⅱ-6-10の通りである。また自民支持でありながら比例区で民主に投票した人は13％で、共産にも2％が流れている（その他15％）。

(2) 無党派

支持政党なし層は有権者の44％を占め、選挙前の調査結果では、そのうち約7割がどの人物（どの政党）に投票するか決めていなかった。

図Ⅱ-6-10 小選挙区と比例区使い分けた人の投票行動

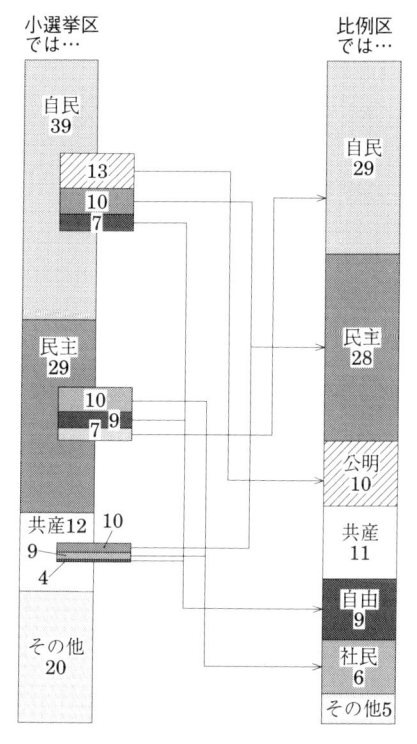

小選挙区では…
- 自民 39
  - 13
  - 10
  - 7
- 民主 29
  - 10
  - 7　9
- 共産 12
  - 10
  - 9
  - 4
- その他 20

比例区では…
- 自民 29
- 民主 28
- 公明 10
- 共産 11
- 自由 9
- 社民 6
- その他 5

（注）数字は％。小選挙区からの「流出」分は上位3党に限り、党別の内訳を示した。
（出所）『朝日新聞』2000年6月2日。

　投票の結果は図Ⅱ-6-11の通り民主に38％投票した。自公保連立への評価は継続派4％，否定派55％，その他41％と，かなりきびしいものがある。また大都市の無党派層による比例区での投票行動も民主へ流れる傾向を示している。
　ちなみに，主要7政党の選挙公約・主張を表Ⅱ-6-4に示しておく。

図Ⅱ-6-11　無党派層どこに投票

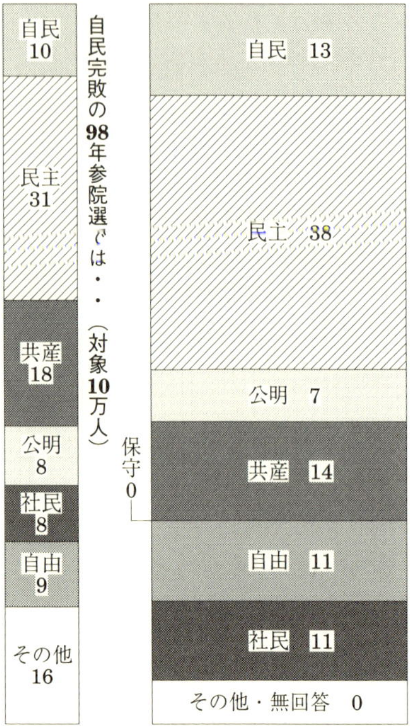

自民完敗の**98年**参院選では‥‥（対象10万人）

自民 10	自民 13
民主 31	民主 38
共産 18	公明 7
公明 8	共産 14
社民 8	自由 11
自由 9	社民 11
その他 16	保守 0 / その他・無回答 0

（注）比例区。数字は％で，小数点以下は四捨五入。合計は必ずしも100にならない。
（出所）『読売新聞』2000年6月26日。

7　むすびにかえて

　佐々木毅は今回の衆院選について3つの意義を提示した。第1は前回衆院選後の「過去の総括」であり「政権選択選挙」という意義。与党はどんな成果を上げてきたのか。森首相の「神の国」発言や経済政策を含めてどう評価するかが出発点だ。それとの比較で野党が主張する政策についてもどう評価すべきか考えなければいけない。

　第2に「未来の選択」であり，「政策選択選挙」となる。経済の立て直しから高齢化社会への対応を含めた経済的に難しい状況の下で，昔の体制に戻すの

表Ⅱ-6-4　衆院選における与野党の選挙公約・主張

	憲法	安全保障	社会保障	経済政策	教育改革
自民党	自主憲法の制定は立党以来の党是。21世紀にふさわしい国民のための自主憲法の制定を目指して議論を続ける	日米安保体制の堅持と危機管理体制の確立。国連の平和活動に積極的に参加する。「戦争決別宣言」の提案	過重負担を防ぎ現役世代の6割の年金額を確保。先端医療で長寿社会を作るメディカルフロンティア計画を策定	景気回復が本格軌道に乗るまで財政再建には慎重。長期休暇制度の普及・促進。贈与税軽減で生前贈与を容易に	偉人伝などを取り入れた「徳育」を徹底。子供たちへの倫理規範が明確になる教育基本法の見直し
民主党	「論憲」を進める。首相公選制は議院内閣制の首相権限の強化とあわせて検討する。分権連邦国家を検討する	緊急事態の自衛隊の活動についてルールを明確にする。PKF（国連平和維持軍）の凍結を解除する	年金水準切り下げに反対する。基礎年金財源は税方式とし、国民基本年金として確立する。医療を適正化する	課税最低限を引き下げ児童手当の拡充、住宅ローン利子の所得控除などに充て環境税を導入する	学校に実践体験学習期間を導入し社会性を培う。学校を選択の自由化を進める。学校長の公募制導入を検討する
公明党	公約では一切触れていないが、憲法9条は堅持する。当面は改正を前提とせず論議を深める「論憲」の立場	国連アジア本部を沖縄に誘致する。核廃絶・軍縮を進める。人間安全保障理事会を設置して国連機能を強化する	基礎年金の国庫負担を速やかに2分の1に引き上げる。社会保障基金機構を設立し負担と給付を統括する	景気回復を軌道に乗せた後、平成15年度から財政再建に取り組む。中小企業対策の事業承継税制を拡充する	民間の小中学校の設立を推進する。実務経験を重視した教員養成システムに改革する
共産党	世界でも先駆的な9条など憲法を守る。政治と社会のゆがみを正して憲法の平和的、民主的原則を開花させる	大目標は日米安保条約の廃棄。対アジア平和外交で防衛費半減、沖縄などの米軍基地を縮小。有事法制に反対	日本経済の6割を占める個人消費拡大につながる社会保障を予算の主役に。基礎年金の国庫負担を2分の1に	消費税率の引き上げを阻止。公共事業を減らし、暮らしや社会保障を拡充。リストラやサービス残業を規制	命の大切さなど市民道徳を身につけさせる。大人のモラルを高め、有害情報のはんらんを防ぐ自主ルールを確立
保守党	新たな視点に立って憲法を見直し、21世紀のでさるだけ早い時期に国づくりの根幹の新憲法制定を目指す	日米安保体制を堅持し国連の諸活動に積極的に参加する。適切な防衛力を整備する。防衛庁の省昇格を目指す	医療保険の抜本改革を進める。介護サービス基盤の充実を図る。基礎年金の国庫負担を2分の1に引き上げる	積極的経済政策を堅持し、2％台の自律回復軌道に乗せ、雇用と生活を守り、そのうえで財政再建に取り組む	教育基本法を見直し、尊敬される青少年を育てる。基本となる教育憲章を制定。人格形成の新憲章を制定。家庭教育を積極支援
自由党	日本人の心と誇りを大切にし、自由で創造性あふる自立国家をつくるために新憲法を制定。諸制度も抜本的に改革	国連平和活動に積極的に貢献。安全保障基本法を制定し、自衛隊の武力行使はわが国が侵略を受けた場合に限定	消費税は全額を基礎年金、老人医療、介護に充て、保険料の自己負担増と給付水準の引き下げの不安を取り除く	全国民が納税。簡単な仕組みで徴税コストを削減。国・地方の歳出も15兆円削減して所得税・住民税を半減する	義務教育は国の責任で行い、教師は「国家公務員教育職」に。家族や社会とのきずな、日本の伝統道徳を再確立
社民党	護憲の立場から平和憲法の理念を守る。憲法の精神を世界に発信し、あらゆる暴力のない平和な地球をつくる	米軍基地を整理・縮小する。防衛関係費を縮減する。有事法制、PKF（国連平和維持軍）凍結解除に反対する	国民年金を1人当たり月10万円の水準に引き上げる国民年金倍増計画を進める。患者の権利基本法を制定する	企業形態の変更に伴うリストラを許さない解雇規制法を制定する。消費税額戻し金制度の創設で消費を刺激	20人学級を実現する。複数担任をつくる。3兆円規模の「子ども手当」をつくる。介護研修を設ける

（出所）『産経新聞』2000年6月25日。

か，苦しくても構造改革を進めるのか。政党，政治家が方向性と手順を組み合わせた政策論議をどの程度できるかが選挙の質を左右しよう。

第3は投票率が焦点で，21世紀の政治を占うことになる（『日本経済新聞』2000年6月3日）。

これらの問に有権者ははっきりとした解答を示さなかった。

しかし，過去4年間の自民党中心の政治に有権者は厳しい評価を下したことはたしかである。特に，自民党の利益誘導型の政治に都市部の有権者は「ノー」の民意を表わした。加えて，本来の自民党支持者が自民党離れを起こしていると考えられる。

民主党は今回の選挙で自民党に対応できる野党第1党としての地位を不動のものとしたが，現与党に代わる政権の選択肢として，積極的な支持者でない有権者からも認められる政権構想を明確にすべきである。

政権交代を可能にする変化が生じなかったのは，40％以上と言われる無党派層のかなりの部分が棄権にまわったためではないかと考えられる。各政党もそれぞれ明確な政策イメージを打ち出して，政党名を一種の政策商標として有権者が識別しやすいようにする努力も必要であろう。

それによって，無党派層を比較的安定した支持層としてひきつける努力が必要である。

有権者は，政党の幹部が考えている以上に具体的なビジョンを示す政党を望んでいる。有権者の成熟が政党を超えつつあることを，今回の選挙は示唆しているのではないだろうか。

今回の結果で，ぜい肉のだぶついていた与党がかなりスリムになり，見るからに貧弱だった野党第1党の民主党に少し筋肉がついて，ようやく2大政権制の格好に近づいてきた。日本の政治を活性化させるには政権交代の可能性をはらんだ緊張感のある政党間競争がやはり不可欠である。

▶参考文献

2000年6月中の『朝日新聞』，『毎日新聞』，『読売新聞』，『産経新聞』，『日本経済新聞』，の各新聞

【付論】 地方分権時代の地方議会

1 はじめに

これまでいく度か議論されてきたものの，なかなか進まなかった地方分権が，時と人を得て，99年7月8日，地方自治法の一部改正を始めとする475本の関係法律の成立というかたちで，実現への第一歩を踏み出した。

特に機関委任事務の廃止に従って従来よりいっそう地方議会・首長の権限が広がり，その分責任も増大し，その存在価値の重要性が問われる時代が到来した。

本稿ではこれを機会に，わが国地方自治の諸問題のうち，特にその問題点が指摘されることが多い議会を中心に，分権時代の地方自治分析を試みた。

現状の地方議会をめぐってはその存在を評価する村松岐夫・伊藤光利『地方議会の研究』（〔1〕）に代表される立場と，堀江湛に代表される地方議会機能不十分をとる立場が対立されるが，前者は，当時の現職の議員にアンケートを行い，その分析であるから，現実評価の結果が導き出されるのは当然と考える。

堀江説は，首長の権限が強人化されるばかりで議会の権利は弱く，議会と首長との緊張関係どころか，一体となって補助金獲得に走り回るなど問題点を指摘する（〔2〕）。現在研究者の間では地方議会，首長の現状について問題があることを主張する説が多数となっている。

本稿では後者の立場に立ち，地方議会の政策立案機能・行政監査機能の実態を資料から分析するとともに，両機能の不十分さは社会の構成と議会構成とのアンバランスにあるという説を各種資料，アンケートから実証し，最後に最近の新傾向と地方議会活性化への試論を提供する。

2 地方分権推進委勧告内容と地方自治法改正

第1次勧告で「地方議会の権限のうち自治事務（仮称）については，議会の

権限がすべて及ぶ。ただし従前の機関委任事務制度の下で認められていた特別な場合の例外について引き続き検討する」と述べられている。

法定受託事務（仮称）については，「検閲，検査，監査請求，調査証言請求など執行機関に対するチェック機能及び説明請求，意見陳述などの議会の権限が原則として及ぶ」とされる。

第2次勧告では，「地方分権の推進に伴う自己決定権と自己責任の拡大等に対応し，地方公共団体の意思決定，執行機関に対するチェック等において，地方議会の果たすべき役割は益々大きくなると考えられる。この為，国及び地方公共団体は次のような措置を講ずるものとする」とされている。

◎議会の機能強化等
(1)地方公共団体における長と議会との機能バランスを保ちつつ，地方議会の組織に関する自己決定権を尊重し，一層の活性化を図る為，国及び地方公共団体は，次の措置を講ずるものとする。
　ⓐ地方自治法96条第2項の活用
　ⓑ地方自治法101条第2項，同112条第2項等の緩和の検討
(2)機関委任事務制度の廃止に伴い議会の権限が拡大することを踏まえ，地方公共団体は，議員とそれを補佐する議会事務局職員の調査能力，政策立案能力，法制定能力等の向上を図る為，研修機会の拡大と研修内容の充実に努めるものとする。

◎議会の運営ついては
(1)議会関係の事務についても，情報公開条例に対象を含めたものとする。
(2)休日・夜間議会の開催，住民と議会とが直接意見を交換する場の設定等に努めるものとする。
(3)国は，女性・勤労者等の立候補を容易にする為，必要な環境の整備を進めると共に，専門職・名誉職等の議員身分のあり方についても中期的な課題として検討を進める（〔3〕）。

以上のような現状改善のすばらしい提言・勧告がなされたが，実際改正され

表付-1 市町村議会議員定数の改正

	現行人口区分	法定数	上限数	改正案人口区分
市	270万人以上	100人	96人	250万以上
市	250万人以上270万人未満	96人		
市	230万人以上250万人未満	92人	88人	210万以上250万未満
市	210万人以上230万人未満	88人		
市	190万人以上210万人未満	84人	80人	170万以上210万未満
市	170万人以上190万人未満	80人		
市	150万人以上170万人未満	76人	72人	130万以上170万未満
市	130万人以上150万人未満	72人		
市	110万人以上130万人未満	68人	64人	90万以上130万未満
市	90万人以上110万人未満	64人		
区	70万人以上90万人未満	60人	56人	50万以上90万未満
区	50万人以上70万人未満	56人		
区	40万人以上50万人未満	52人	46人	30万以上50万未満
区	30万人以上40万人未満	48人		
区	20万人以上30万人未満	44人	38人	20万以上30万未満
区	15万人以上20万人未満	40人	34人	10万以上20万未満
区	5万人以上15万人未満	36人		
区			30人	5万以上10万未満
区	5万人未満	30人	26人	5万未満
町村	2万人以上	30人	26人	2万以上
町村	1万人以上2万人未満	26人	22人	1万以上2万未満
町村	5千人以上1万人未満	22人	18人	5千以上1万未満
町村	2千人以上5千人未満	18人	14人	2千以上5千未満
町村	2千人未満	12人	12人	2千未満

たのは次の2点のみである。

　①第90条，第91条で市区村議員定数の改正（表付-1）。

　②第112条で議案を提出するに当たっては議員の12分の1の者の賛成がなければならない（旧法は8分の1以上の賛成が必要）。

①に対しては，自治体の議員定数をどのくらいにするかはあきらかに地域住民の自己決定に属する問題であるとする見解がある（〔4〕）。また，この改正によって法定議員定数が削減されることはあきらかであり，全体として今回の改正は全国的な削減実態を追認した面が大きいと言える。

3　地方議会の政策立案機能の実態

①都道府県

1991～1994年の議案数は**表付-2**の通りである。そのうち条例案は知事提出は2240件に対して議員提出は32件にすぎない。

②市

1998年度に付議された市長提出件数は**表付-3**，議員提出件数は**表付-4**である。ここでも市長提出議案の圧倒的な多さが注目される。

③町村

表付-5参照。都道府県・市ほどではないにせよ，やはり町村長提出の件数が多い。

4　地方議会の行政監査機能の実態

地方議会の開催の実態，議員の質問状態を知ることが行政監査機能分析のカギとなると考える。

①都道府県

表付-6，**表付-7**参照。

②市

全国レヴェルの分析の文献がないため，大阪府枚方市のおける実態を分析した。**表付-8**参照。

③町村

表付-9参照。

自治体の議会の行政監査機能が十分か不十分かを判断する基準は難しいが，少なくとも年数回の議会開催時には行政側と議会側は互いに緊張関係にあり，行政側は問題が議会で取り上げられることに憂慮し，その答弁にも慎重に対応

表付-2　都道府県議会に提出された議案数

区分	知事提出	議員提出	計
1991年	8,104(172.4)	1,162(27.4)	9,266(197.1)
1992年	8,504(180.9)	1,149(24.4)	9,653(205.3)
1993年	7,867(167.3)	1,270(27.0)	9,137(194.4)
1994年	7,975(169.6)	1,045(22.2)	9,020(191.9)

(注)　(　)内は1県平均。
(出所)　全国都道府県議会議長事務局『第8回都道府県議会提要』。

表付-3　市長提出付議事件の件数

区分	条例	予算	決算	法第96条第4号〜14号	専決処分案件	その他	計
5万人未満　≪220市≫	6,088	7,319	1,768	1,863	1,251	2,606	20,895
5万人以上10万人未満　≪224市≫	6,395	6,859	1,996	1,989	1,190	2,651	21,080
10万人以上20万人未満　≪121市≫	4,021	3,878	946	1,295	621	1,969	12,730
20万人以上30万人未満　≪40市≫	1,409	1,553	364	708	230	696	4,960
30万人以上40万人未満　≪25市≫	1,012	1,076	286	814	88	420	3,696
40万人以上50万人未満　≪19市≫	828	793	127	367	130	354	2,599
50万人以上　≪9市≫	406	354	105	171	61	484	1,581
政令指定都市　≪12市≫	671	539	216	441	47	353	2,267
計　≪670市≫	20,830	22,371	5,808	7,648	3,618	9,533	69,808
構成比（％）	29.8	32.0	8.3	11.0	5.2	13.7	100.0

(注)　単位：件。
(出所)　全国市議会議長会『平成11年度市議会の活動に関する実態調査』。

する。しかし，一部では議員の質問を職員が指導したり代筆するという実態も無視できない。

5　議会機能不十分の原因はどこに

前述のように地方議員の2つの機能，政策立案機能は**表付-2，3，4，5**に見るように，まったく不十分であり，行政監査機能は政策立案機能に比べて

表付 - 4　議員提出付議事件の件数

区　　　　分	条　例	規　制	意見書	決　議	その他	計
5万人未満　　　　　≪220市≫	197	9	1,940	301	512	2,959
5万人以上10万人未満　≪224市≫	196	13	2,105	407	461	3,182
10万人以上20万人未満　≪121市≫	147	6	1,356	224	212	1,945
20万人以上30万人未満　≪40市≫	57	2	509	93	109	770
30万人以上40万人未満　≪25市≫	40	2	334	50	65	491
40万人以上50万人未満　≪19市≫	36	3	226	61	14	340
50万人以上　　　　　≪9市≫	12	—	141	41	28	222
政令指定都市　　　　≪12市≫	29	1	233	62	34	359
計　　　　　　　　　≪670市≫	714	36	6,844	1,239	1,435	10,268
構成比（％）	7.0	0.4	66.6	12.1	13.9	100.0

（注）　単位：件。
（出所）　表付 - 3に同じ。

表付 - 5　1998年度提出者別・種類別件数および審議方法等

		提出者別・種類別平均（件）							
区　　分		条　例	予　算	決　算	その他事件	専決処分（法179条）	意見書	決　議	計
町村長提出		22.2	27.5	6.3	19.1	5.6	—	—	80.7
議員提出		0.4	—	—	2.6	—	6.5	0.9	10.4
計		22.6	27.5	6.3	21.7	5.6	6.5	0.9	91.1
審議方法	本会議即決	16.2	17.9	1.9	19.0	5.1	5.6	0.6	66.3
	付託件数 常任	5.8	7.0	1.7	2.3	0.3	0.7	0.1	17.9
	議運	0.1	0.1	0.1	0.2	0.1	0.1	0.1	0.8
	特別	0.5	2.5	2.6	0.2	0.1	0.1	0.1	6.1

（注）　種類別の「その他」は町村長にあっても，契約案件，財産の取得処分案件，人事案件であり，議員提出分にあっては，会議規則の制定改廃，特別委員会の設置，常任委員・特別委員の選任の案件等である。
（出所）　全国町村議会議長会『第45回町村議員調査の結果の概要』1999年7月1日現在。

表付-6　都道府県議会開催の実態

都道府県	定例会・臨時会開催回数等									会議規則に定める会議時間
	定例会				臨時会				計		
	開会回数	会期日数			開会回数	会期日数			開会回数	会期日数	
		総計	最高	最低		総計	最高	最低			
北海道	4	85	30	14	—	—	—	—	4	85	午前10時〜午後5時
青森	4	74	25	15	—	—	—	—	4	74	午前10時〜午後5時
岩手	4	87	33	13	—	—	—	—	4	87	午後1時〜午後5時
秋田	4	74	27	12	1	1	1	1	5	75	午前10時〜午後5時
宮城	4	66	21	14	—	—	—	—	4	66	午前10時〜午後5時
山形	4	77	25	16	—	—	—	—	4	77	午前10時〜午後4時
福島	4	76	29	15	—	—	—	—	4	76	午後1時〜午後5時
東京	4	82	32	16	—	—	—	—	4	82	午後1時〜午後5時
神奈川	4	96	36	18	1	8	8	8	5	104	午前10時〜定めなし
千葉	4	88	27	19	—	—	—	—	4	88	午前10時〜午後5時
茨城	4	78	27	13	—	—	—	—	4	78	午後1時〜午後5時
栃木	4	73	31	13	—	—	—	—	4	73	午前10時〜午後5時
埼玉	4	78	29	16	—	—	—	—	4	78	午前10時〜午後5時
群馬	4	80	30	14	—	—	—	—	4	80	午前10時〜午後5時
山梨	4	62	23	12	1	1	1	1	5	63	午前10時〜午後5時
長野	4	71	30	13	1	1	1	1	5	72	午前10時〜定めなし
新潟	4	77	33	11	3	7	3	1	7	84	午後1時〜定めなし
愛知	4	85	32	15	1	1	1	1	5	86	午前10時〜午後5時
三重	4	71	26	12	2	5	4	1	6	76	午前10時〜午後5時
静岡	4	77	23	16	—	—	—	—	4	77	午前10時〜午後4時
岐阜	4	74	26	13	1	1	1	1	5	75	午前10時〜午後4時
富山	4	71	26	13	1	1	1	1	5	72	午前10時〜午後5時
石川	4	61	22	11	—	—	—	—	4	61	午前10時〜午後5時
福井	4	82	27	15	—	—	—	—	4	82	午前10時〜午後5時
京都	4	81	33	16	—	—	—	—	4	81	午後1時〜午後5時
大阪	4	53	21	3	—	—	—	—	4	53	午後1時〜午後5時
兵庫	4	81	35	8	—	—	—	—	4	81	午前10時〜午後5時
奈良	4	68	26	11	—	—	—	—	4	68	午後1時〜午後5時
和歌山	4	76	26	16	—	—	—	—	4	76	午前10時〜午後5時
滋賀	4	80	31	16	—	—	—	—	4	80	午前10時〜午後5時
広島	4	62	30	9	—	—	—	—	4	62	午前10時〜午後5時
岡山	4	79	22	17	1	1	1	1	5	80	午前10時30分〜午後5時
鳥取	4	62	23	10	1	2	2	2	5	64	午前10時〜午後5時
島根	4	73	21	15	—	—	—	—	4	73	午前10時〜午後5時
山口	4	74	23	14	1	2	2	2	5	76	午前10時〜午後5時
香川	4	80	29	15	1	1	1	1	5	81	午前10時〜午後4時
徳島	4	81	28	16	—	—	—	—	4	81	午前10時〜午後5時
高知	4	63	25	10	—	—	—	—	4	63	午前10時〜午後5時
愛媛	4	55	17	10	—	—	—	—	4	55	午前10時〜定めなし
福岡	4	82	30	17	1	1	1	1	5	83	午前11時〜午後5時
大分	4	72	30	14	1	5	5	5	5	77	午前10時　定めなし
佐賀	4	83	33	16	2	8	5	3	6	91	午前10時〜定めなし
長崎	4	73	20	17	1	1	1	1	5	74	午前10時〜定めなし
宮崎	4	83	30	15	2	8	7	1	6	91	午前10時〜午後5時
熊本	4	82	26	16	—	—	—	—	4	82	午前10時〜定めなし
鹿児島	4	82	30	16	1	2	2	2	5	84	午前10時〜定めなし
沖縄	4	107	42	20	1	2	2	2	5	109	午前10時〜定めなし
合計	188	—	—	—	25	59	—	—	—	—	
平均	4	76.1	—	—	0.53	1.26	—	—	4.53	77.36	

（注）　1992年1月1日〜12月31日。
（出所）　表付-2に同じ。

表付 – 7　定例会の代表質問実施状況

区　分		第1回		第2回		第3回		第4回		全定例会	
		実施	実施せず	実施	実施せず	実施	実施せず	実施	実施せず	実施	実施せず
5万人未満　《220市》	市数	40	180	18	202	18	202	21	199	44	176
	構成比(%)	18.2	81.8	8.2	91.8	8.2	91.8	9.5	90.5	20.0	80.0
5万人以上10万人未満《224市》	市数	80	144	20	204	26	198	26	198	85	139
	構成比(%)	35.7	64.3	8.9	91.1	11.6	88.4	11.6	88.4	37.9	62.1
10万人以上20万人未満《121市》	市数	59	62	14	107	18	103	15	106	62	59
	構成比(%)	48.8	51.2	11.6	88.4	14.9	85.1	12.4	87.6	51.2	48.8
20万人以上30万人未満《40市》	市数	25	15	6	34	5	35	7	33	27	13
	構成比(%)	62.5	37.5	15.0	85.0	12.5	87.5	17.5	82.5	67.5	32.5
30万人以上40万人未満《25市》	市数	20	5	6	19	5	20	7	18	21	4
	構成比(%)	80.0	20.0	24.0	76.0	20.0	80.0	28.0	72.0	84.0	16.0
40万人以上50万人未満《19市》	市数	16	3	1	18	2	17	2	17	16	3
	構成比(%)	84.2	15.8	5.3	94.7	10.5	89.5	10.5	89.5	84.2	15.8
50万人以上　《9市》	市数	5	4	1	8	4	5	2	7	5	4
	構成比(%)	55.6	44.4	11.1	88.9	44.4	55.6	22.2	77.8	55.6	44.4
政令指定都市《12市》	市数	11	1	5	7	8	4	8	4	11	1
	構成比(%)	91.7	8.3	41.7	58.3	66.7	33.3	66.7	33.3	91.7	8.3
計　《670市》	市数	256	414	71	599	86	584	88	582	271	399
	構成比(%)	38.2	61.8	10.6	89.4	12.8	87.2	13.1	86.9	40.4	59.6

(注)　単位：市。

【付論】 地方分権時代の地方議会　197

表付-8　枚方市における議員質問回数

議席番号	1	2	3	4	5	6	7	8	9	10	11	12	13	14	15	16	17	18
質問回数	5	12	6	5	8	4	10	5	19	18	6	3	11	5	13	4	4	5
平成1.年改選時順位	1位	18位	30位	2位	10位	落選	27位	落選	28位	26位	32位	23位	17位	府議当選	引退	16位	11位	3位
議員番号	19	20	21	22	23	24	25	26	27	28	29	30	31	32	33	34	35	36
質問回数	2	8	2	6	3	4	4	3	4	1	4	5	11	2	2	9	7	5
平成1.年選挙時順位	5位	任期中府議当選	府議当選	15位	16位	引退	13位	11位	7位	引退	21位	引退	29位	引退	24位	6位	8位	9位

（注）平成7年5月～平成11年3月一期間。
（資料）『枚方市議会報』。

表付-9　一般（緊急）質問の平均人数等

区分	一般（緊急）質問			関連質問の認合		質問時期（11年3月定例会）		
	該当議会数	延人数平均	実人数平均			会期の始め	会期の中間	会期の終わり
定例会	2,546	21.9人	10.3人	認める	649議会	議会 950	議会 1,111	議会 488
臨時会	24	4.01人	2.4人	認めない	1900議会	—	—	—

（注）質問の人数は、年間に同一人が2回以上質問することが多いので、延人数（毎回の累計）と実人数（同一人は1とする）とを区分している。

は作用していると考えられるが,1つ1つの行政活動に議員が監査することが不可能である。今日の地方議会危機説の原因については「地方議会と社会構成とのギャップ」にあるという説が多数である。次にそのことを各種資料で検証してみる。

わが国の従業上の地位を分類すると,いわゆるサラリーマンが80％以上を占めている。これを議員構成と比べてみると,次の通りである。

①都道府県

現議員2938人の職業別内訳を見るともっとも多いのが,無職（議員専業）840人（全体の28.6％），次いで政治団体職員339人（11.6％），農業325人（同11.1％），製造業240人（同8.2％），建設業179人（同6.1％）となっている。

②大阪府下17市

図付-1で見る通り,サラリーマン出身平均11％である。

③町村

表付-10。

したがって,サラリーマン出身の議員が少なく,社会の職業構成との乖離が指摘されるのが当然となる。

6 地方議員の新傾向

表付-11に見る通り女性議員が躍進してきたが,諸外国に比べるとまだ不十分である。女性知事2名誕生も注目される。

また,地方議員のうちでどの政党にも所属せず,市民運動から当選した議員・首長がネットワークを結ぶ働きが注目される。例えば「虹と緑の500人リスト運動」には全国の133人の首長・議員が参加し,立派な機関誌も出版されている。

7 むすび――地方議会活性化に向けて

地方議会が十二分な機能を果たしていない原因の1つとして,地方議員の政治・法律専門知識の不足があると考える。高学歴社会の今日であるが,大阪府下の地方議員の学歴の分析すると図付-2,図付-3である。厳しい採用試験を

図付-1 第14回統一選挙当選者の経歴分析およびサラリーマンの割合

経　　歴	豊中	高槻	吹田	池田
労　　組	1	3	0	2
団 体 役 員	5	14	10	3
自営(会社役員)	8	5	8	6
会社員（教員）	1	3	7	3
政 党 役 員	22	10	11	10
政 治 家 秘 書	1	1	0	0
計	38	36	36	24

守口	門真	寝屋川	枚方	四条畷
3	1	2	2	0
5	5	6	4	5
10	8	8	6	4
1	2	2	12	2
14	12	15	12	7
0	0	1	0	0
33	28	34	36	18

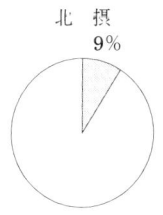

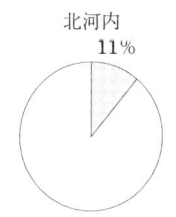

北摂 9%

北河内 11%

経　　歴	八尾	藤井寺	富田林	大阪狭山
労　　組	0	0	1	4
団 体 役 員	6	4	5	5
自営(会社役員)	12	8	6	2
会社員（教員）	3	1	0	2
政 党 役 員	13	7	12	7
政 治 家 秘 書	0	0	0	0
計	34	20	24	20

堺	泉大津	岸和田	貝塚
6	3	2	0
15	2	4	6
5	5	12	3
18	4	1	5
3	6	8	8
0	0	1	0
52	20	28	22

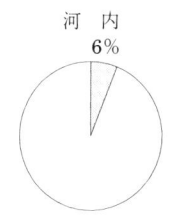

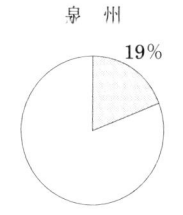

河内 6%

泉州 19%

（資料）『朝日新聞』『毎日新聞』『読売新聞』『産経新聞』1999年4月26日。

表付-10 職業別町村議員数

区分	農林業	水産業	商業	工業	土建築業	鉱業	サービス業	運輸通信業	医師	自由業	会社員	団体役職員	その他	無職	合計
11年 議員数	17,409	895	4,957	1,500	2,369	102	1,372	407	45	425	3,757	1,646	1,654	3,615	40,153
構成比(%)	43.4	2.2	12.4	3.7	5.9	0.3	3.4	1.0	0.1	1.1	9.4	4.1	4.1	8.9	100.0

(出所)表付-5に同じ。

表付-11 99年統一地方選挙における女性の躍進

	定数(人)	女性候補者(人)	うち当選者(人)	当選率(%)	占有率(%)
道府県議選	2,669	322	191	136	42.2	5.1
政令市議選	779	169	122	117	69.2	15.0
市議選	10,698	1,323	975	1,084	81.9	10.1
区議選	877	210	171	177	84.3	20.2
町村議選	18,999	1,039	728	867	83.4	4.6
計	34,022	3,063	2,185	2,381	77.7	7.0

	当選率(%)	占有率(%)
道府県議選	41.4	3.0
政令市議選	71.3	11.1
市議選	86.1	7.5
区議選	81.3	15.8
町村議選	81.2	2.9
計	79.4	5.1

(注)95年、99年統一地方選挙の結果。定数は99年現在のもの。また、率は小数点2位以下を四捨五入。
(出所)『地方分権』1999年7月号、39ページ。

図付-2 第14回統一選挙当選者の学歴（大阪府・大阪市）

	大阪府会議員当選者
大学院	10人
大学卒	50人
大学中退	12人
短大卒	3人
短大中退	1人
高校卒	29人
高校中退	5人
	2人
計	112人

	大阪市議会議員当選者
大学院	2人
大学卒	46人
大学中退	5人
短大卒	7人
短大中退	0人
高校卒	24人
高校中退	1人
	5人
計	90人

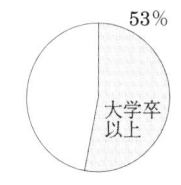

大学卒以上 53%

大学卒以上 52%

（資料）図付-1と同じ。

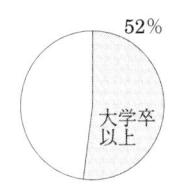

受け，専門知識十分な職員を統制するにはそれ以上の学識が要求される。したがって，私は政治家資格制度の採用を提案する（〔4〕）。

また，地方議会の政策論議を活発にするため，サラリーマンや主婦らが地方議員として活躍できる「非常勤議員」制度の導入の検討も必要ではないかと考える。

議員に資料を提出したり秘書的役割を果たす，議会事務局の実態は**表付-12**であるが，不十分であり，その充実の必要性が痛感される。

また，定住外国人の参政権の実現も地方議会活性化の1つのきっかけと考える（〔6〕）（第Ⅰ部第2章も参照）。

【付論】 地方分権時代の地方議会

図付-3 第14回統一地方選挙当選者学歴分析（大阪府下）

学歴	豊中市(定数38)	高槻市(定数36)	吹田市(定数36)	池田市(定数24)	守口市(定数30)	門真市(定数28)	寝屋川市(定数34)	枚方市(定数36)	四条畷市(定数18)
大学院	1	1	2	0	0	0	1	1	0
大学卒	12	21	14	12	8	8	12	13	6
大学中退	1	1	3	0	2	4	0	2	1
短大卒	2	3	2	3	3	3	5	2	0
短大中退	1	0	0	0	0	1	0	0	0
高校卒	16	8	14	8	16	7	10	16	8
高校中退	0	0	0	1	0	1	2	0	1
中学卒	5	1	1	0	1	4	4	2	2
備考									

北摂 大学卒以上 32%

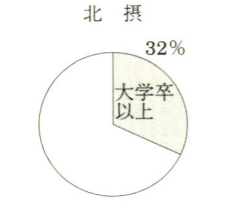

北河内 大学卒以上 25%

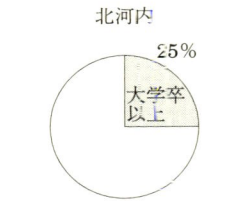

学歴	八尾市（定数34）	藤井寺市（定数20）	富田林市（定数24）	大阪狭山（定数20）		堺市（定数52）	泉大津市（定数20）	岸和田市（定数28）	貝塚市（定数22）
大 学 院	0	0	1	0		2	0	0	0
大 学 卒	14	5	8	6		13	7	10	6
大学中退	1	1	0	1		1	0	2	1
短 大 卒	1	2	3	2		5	0	1	3
短大中退	0	0	1	0		0	0	0	0
高 校 卒	14	6	7	8		25	8	9	8
高校中退	2	0	0	1		1	0	4	1
中 学 卒	3	6	4	2		4	5	2	3
備 考						不明1			

河内地方　26％　大学卒以上

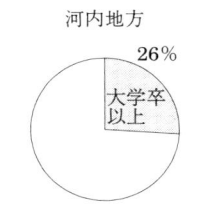

泉　州　24％　大学卒以上

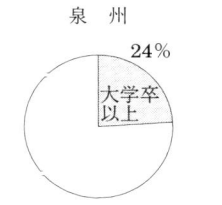

（資料）図付-1に同じ。

表付-12　各市の議会事務局職員数について

区　　　分		条例定数	現　在　数	平均人数
5万人未満	220市	1,193	1,139	5.2
5万人以上10万人未満	224市	1,621	1,520	6.8
10万人以上20万人未満	121市	1,305	1,233	10.2
20万人以上30万人未満	40市	608	571	14.3
30万人以上40万人未満	25市	445	439	17.6
40万人以上50万人未満	19市	427	403	21.2
50万人以上	9市	237	225	25.0
政令指定都市	12市	577	539	44.9
計	670市	6,413	6,069	9.1

（出所）　表付-3に同じ。

▶参考文献

〔1〕　村松岐夫・伊藤光利『地方議会の研究』日本経済新聞社，1986年
〔2〕　堀江湛「地方議会は活性化するか」『日本経済新聞』1999年4月4日
〔3〕　大森弥『分権改革と地方議会』ぎょうせい，1998年
〔4〕　拙稿「政治家資格制度の採用を」『産経新聞』1999年10月3日
〔5〕　「地方議会に非常勤議員を」『日本経済新聞』1998年8月24日
〔6〕　拙稿「大阪府議会の条例提案を評価」『産経新聞』2000年6月4日
〔7〕　地方議員政策研究会『地方から政治を変える』コモンズ，1998年
〔8〕　加藤富子『都市型自治への転換』ぎょうせい，1985年
〔9〕　大森弥『分権時代の首長と議会』ぎょうせい，2000年
〔10〕　佐藤竺・八木欣之介『地方議会活性化ハンドブック』ぎょうせい，1998年

＊　本稿は平成12年6月24日開催の日本法政学会シンポジウムの際の発表内容を要約したものです。発表の際，温かい激励を賜りました関西外国語大学谷本貞人学長，発表の機会を与えて下さいました中京大学石堂功卓先生，鋭い質問を賜りました平成国際大学草鹿晋一先生に深く御礼申し上げます。

初出一覧

序　説　書き下ろし

第Ⅰ部
第 1 章　「戸別訪問に関する一考察」『関西外国語大学研究論集』第27号，1977年11月
第 2 章　「定住外国人参政権についての一考察」『人権思想研究』第 2 号，1999年
第 3 章　「障害のある人と参政権」『人権思想研究』第 3 号，2000年
第 4 章　書き下ろし
第 5 章　「地方分権と住民投票」『法政論叢』第33巻第 1 号，1996年

第Ⅱ部
第 1 章　「第12回統一地方選挙分析」『関西外国語大学研究論集』第55号，1992年 1 月
第 2 章　「第40回総選挙分析」『関西外国語大学研究論集』第59号，1994年 1 月
第 3 章　「第41回総選挙分析」『関西外国語大学研究論集』第66号，1997年 8 月
第 4 章　「第18回参議院選挙分析」『関西外国語大学研究論集』第69号，1999年 2 月
第 5 章　「第14回統一地方選挙分析」『関西外国語大学研究論集』第71号，2000年 2 月
第 6 章　書き下ろし

付　論　「地方分権時代の地方議会」『法政論叢』第37号第 1 号，2000年11月

■著者紹介
久禮　義一（くれ　よしかず）
　　1942年　大阪府岸和田市生まれ
　　　　　　関西大学大学院法学研究科修士課程修了
　　現　在　関西外国語大学教授（政治学・国際関係論）
　　　　　　摂南大学講師（行政学・地方自治論）
　　主要著作
　　『英語で学ぶ政治学』（啓文社），『地方自治と議会制』（啓文社），『現代地方自治論』（啓文社），『概説政治学』（共著：啓文社），『プライヴァシー権の綜合的研究』（共著：法律文化社），『新版現代地方自治の諸問題』（勁草書房），他

現代選挙論——投票行動と問題点——

2001年4月20日　初版第1刷発行

著　者　久禮義一
発行者　白　石　徳　浩
発行所　萌　書　房
　　　　　　〒630-8303　奈良市南紀寺町2-161-9-205
　　　　　　TEL & FAX（0742）23-8865
　　　　　　振替　00940-7-53629

印刷・製本　共同印刷工業・藤沢製本

Ⓒ Yoshikazu KURE, 2001　　　　　　Printed in Japan

ISBN4-9900708-2-8